兩晉眾生相

亂世中的風流百態

李金海 著

宮廷祕聞×名士清談×市井掌故……

重返百年魏晉，細說從朝堂到江湖間風華絕代的興衰故事

從洛陽到建康——江左風流、瀟灑情懷！
兩晉名臣名將、清談奇才與市井眾生的歷史側影

帝王興亡、後宮暗湧、名士逸事……

以「微觀」看歷史，重現魏晉亂世中的權謀興衰與浮沉

目錄

本書概要

兩晉之時，統一到分裂，江左風流，名士風度。戰亂不休，世人生命朝不保夕，故而放縱自我，盡情享樂。心靈卸去了枷鎖，放誕、狂狷、清談，口吐玄理，情寄山水。帝王將相、才子佳人、名士高僧，過眼雲煙，且看晉家衣冠，早已黃土一抔，唯有大江濤濤，不捨晝夜，千秋如斯。

千年已逝，但那個追求率性、珍惜自我、強調精神自由的時代為後人懷念，那些音容、談姿、笑貌早已刻劃在歷史的畫卷：心手兩忘、揮灑自如王羲之；身在東山、心懷天下的謝安；聞雞起舞、志在報國的祖逖……，他們追求人格美，曠達、率真，用自己的言行、詩文、藝術使自己的人生藝術化。

微歷史並非今人獨創，劉義慶版的微歷史《世說新語》，已經流傳千年。他用簡潔明快文筆，含蓄雋永的語言，寥寥數語，人物躍然紙上，呼之欲出。如今時代，滿目喧囂，對物質的追求使心靈充滿浮躁，相求片刻的寧靜而不得。東籬賞菊，南窗讀書早已是傳說，書香盈袖，悠然懷古是一種奢望。回望故園，炊煙難覓，荒草迷途。何處才是我們心靈的家園，哪裡是我們魂脈的棲息地？

然而，我們這個民族的歷史基因早已深入骨髓，每個人對歷史有一種本能的親近感，微歷史讓你拋除佶屈聱牙文言的煩惱，沒了手捧厚重磚頭書的吃力，讓你在一縷香茗中，在閒適氛圍中了解歷史，感受歷史的脈搏。

讓我們在簡潔、休閒中走近歷史，走進兩晉，秦淮槳聲、金陵煙雨向你撲面而來。

帝王　第一

〈中秋帖〉 晉 王獻之

帝王是古代社會最高統治者，他們擁有至高無上的權利，口含天憲，個人意志直接影響國家走向，然而在晉朝皇帝卻有點另類，他們或早夭、或智商低下、或受制於門閥大族，僅僅成為點綴品，一旦門閥平衡打破，王朝隨即坍塌了。

1、和平演變

在經歷司馬懿、司馬師、司馬昭兩代人的精心謀劃後，泰始元年（西元 265 年）十二月十一日，在洛陽上演了一幕政治悲喜劇，主角是司馬炎和曹奐，結果是司馬炎上位，曹奐下課。司馬炎自稱皇帝，封曹奐為陳留王，改魏為晉，史稱西晉，改元泰始，建都洛陽。

2、儉約不到頭

司馬炎剛即位不久，太醫院的醫官程據獻給司馬炎時尚皮草，上面裝飾了色彩絢麗的野雞頭毛，這可是件稀罕物品，他帶到朝堂上讓大臣們展覽。大臣們都交口稱讚，你看這色澤、你看這款式，嘖嘖。司馬炎說這東西好不好，大家異口同聲稱好。司馬炎卻當眾把它燒掉，說誰以後再做這些沒用的奢侈品，敗壞社會風氣定斬不赦。可是沒過幾年，日子過於平淡，他帶頭奢華，往日的節約宣言早已置之腦後。

3、皇帝的牛繩

晉武帝司馬炎是那種含金湯匙出生的人，在做太子的時候生活一向都是極盡奢華，稱帝以後身為國家元首，開始知道當家不容易。大力提倡勤儉節約，要求大家發揚勤儉節約的優良傳統。司馬炎也是個很會做秀的高手。有一次，祭祀用的牛的青絲繩斷了。他讓人用低廉的麻繩代替，表示節約要從點滴做起，從細微做起。但也僅僅停留在作秀層面，沒過幾年，他又開始恢復到紙醉金迷的日子。

4、皇帝責任田

司馬炎代魏以後，新朝初立，新氣象。他決定大力發展農業。為了表示對農業工作的重視，他以身作則，在洛水一帶為自己留了一塊責任田。泰始四年春耕時節，他到自家田裡，推了三次犁，表示他辛勤耕耘，以示天下表率。這件事被史官莊重記入史書，成了當年年度大事，各級部門連夜召開會議，傳達學習皇帝陛下率先垂範重視農業工作的精神。

5、太子拜師禮

晉武帝要幫太子舉行拜師禮，有關部門主管表示，太子不應該像平常普通孩子那樣向老師行禮，如果不區別，怎麼顯示太子的尊貴。晉武帝駁回說：「尊敬師長，就是尊敬知識和傳統，怎麼就會亂了君臣之道呢？」堅持讓太子對老師行跪拜禮。尊師重道，要從小做起，身為上司要以身作則，晉武帝這一點做得不錯。

6、為誰而鳴

晉惠帝智商很低，有件事可以為證，有次到華林園去玩，他聽見池塘裡青蛙叫聲。便問隨從青蛙鳴叫是為公還是為私？隨從感到很可笑，又不好不回答，就說：「在官家裡叫的，就是官家的；若在私家裡叫的，就是私人的。」又一年鬧災荒，到處餓死人。他聽到災情報告吃驚的說：「沒有飯吃，為什麼不吃肉粥呢？」報告的人聽了，哭笑不得，災民們連飯都吃不上，哪裡來肉粥呢？

7、笨蛋也記仇

永寧元年（西元 301 年）春正月，晉惠帝的堂叔義陽王司馬威受趙王司馬倫之命逼惠帝「禪位」。惠帝雖笨，但也抱著身上的璽綬不放。司馬威伸手就奪，差點把惠帝手指掰斷。後來趙王司馬倫倒臺，司馬威躲到家裡待罪。大臣們商議想饒他不死，惠帝忽然說：「阿皮（司馬威小名）掰我手指，奪我璽綬，不可不殺。」看來惠帝雖然笨，但也會記仇。於是司馬威就死路一條了。

8、皇帝服務生

永嘉五年（西元 311 年）六月，劉聰攻入洛陽，晉懷帝司馬熾在逃往長安途中被俘，被封為會稽郡公，並被囚禁，史稱永嘉之禍。建興元年（西元 313 年），劉聰讓晉懷帝在朝會上客串一下服務生，為在座群臣斟酒，晉朝舊臣見懷帝受此羞辱嚎啕大哭，劉聰感到很掃興，乾脆用一杯毒酒送司馬熾上了西天。

9、愍帝之死

漢主劉聰俘虜晉愍帝司馬鄴後百般羞辱，出獵時，命他身披鎧甲手執長戟，作為前導。或許覺得讓晉懷帝做了一次服務生還沒過足癮，想讓晉愍帝也客串一次，在光極殿會宴群臣，命令愍帝穿上青衣，替大家斟酒、洗懷，想小便時，讓愍帝替他端馬桶。羞辱完後，覺得留著他總是個禍根，便派人殺死晉愍帝，時年十八歲。

10、傳國玉璽

秦始皇做傳國玉璽，秦漢以來，作為皇權的象徵歷代傳承，元嘉之亂後，傳國玉璽被劉聰奪走，此後像獵物般被北方胡人爭來奪去。晉元帝司馬睿即位時沒有象徵正統皇帝的傳國玉璽，被北方胡人嘲笑為白板天子。通常官員上任都有朝廷頒發的委任狀，可惜司馬睿身為天子卻沒有憑證，顯得底氣不足。

11、皇帝也無奈

永昌元年（西元 322 年）正月，王敦以反對劉隗刁協、替王導訴冤為藉口，借「清君側」的名義，在武昌舉兵，兵臨建康城下，放縱兵士劫掠。晉元帝被圍困在皇宮大殿中，無奈道：「王敦想要皇位，儘管說嘛，怎麼擾亂百姓呢？」之後派人告知王敦：「如果不忘本朝，就此息兵，那麼天下還可以共安。如果不肯罷手，我回琅琊老家，讓你便是。」當年十一月，元帝司馬睿憂憤而死。

12、悶死天子

東晉太元二十一年（西元 396 年），晉孝武帝司馬曜駕崩了，但他的死太戲劇性了，確切說死於一個玩笑，他非常寵愛年過三十的張貴人，一天酒後司馬曜對她開玩笑說：「看看妳的水桶腰、苦瓜臉，老得不成形，哪天把妳送入冷宮去。」張貴人一怒之下，將醉酒的皇帝用棉被活活悶死了。女人心不可亂傷的，玩笑不是亂開的，弄不好丟了小命，司馬曜你何苦來著。

13、又一白痴

如果說晉惠帝司馬衷是白痴的初級版，那麼晉安帝司馬德宗就是白痴的升級版。相對而言，司馬衷還算白痴中的智者，司馬德宗則是白痴皇帝中的極品，空前絕後，無人超越。司馬衷好歹勤懇做了十幾年詔書抄寫員，司馬德宗除了會喘氣什麼都不會。不知司馬家前世造的什麼孽，白痴何其多。

14、為祖宗臉紅

王導、溫嶠拜見晉明帝，明帝問溫嶠晉朝取得天下往事。溫嶠還沒來及說，王導搶先說:「溫嶠年紀輕，不懂這些事，臣可以說給陛下聽。」於是詳細地敘述司馬懿在創業時，殺戮知名的世家大族，寵信擁護自己的人。又說到司馬昭末年，殺掉高貴鄉公曹髦的事件。明帝聽了祖上不光彩的事情，慚愧的把臉伏在御榻上，說：「要是真像你說的那樣，國祚怎麼能長久！」

15、明帝暗訪

晉明帝察覺王敦謀反跡象，便微服騎馬來王敦軍營，暗中觀察部署情形。有一士兵覺得他異於常人，報告王敦。王敦在午睡，聽到報告驚道:「一定是黃鬍子鮮卑人來了。」(明帝母親是鮮卑人，明帝鬍鬚發黃，故稱。）急令追一名黃鬍子。明帝感覺不對，快馬離去，途中將鑲寶馬鞭送一客店老婦。士兵追來，詢問時。老婦說：「他早就走遠了。」說完拿出馬鞭，士兵輪流看這罕見之物，故耽擱不少時間，明帝也就逃過一劫。

16、白頭翁何在

南頓王司馬宗因對庾亮專權不滿，遭到變相降職，欲將庾亮除掉。庾亮知道後，先下手為強除掉司馬宗。司馬宗滿頭白髮，年幼的晉成帝叫他白頭翁。成帝好一陣子未見司馬宗上朝，便問庾亮：「白頭翁怎麼有一陣子沒看到了？」庾亮道：「他因謀反，已誅殺。」成帝聽後，流淚說：「舅舅說誰反，誰就被殺；如果有人說你謀反又如何處置呢？」庾亮被小皇帝問的啞口無言。

17、成帝被囚

咸和二年（西元 327 年）一月，蘇峻叛亂，晉成帝被軟禁在一間倉庫裡，蘇竣每天在成帝面前發飆。王導試圖護衛成帝脫逃沒有成功，成帝的侍從劉超和鍾雅也密謀護衛成帝逃出去。不料事情洩漏，蘇峻派人逮捕兩人。成帝抱住兩人，不讓士兵拉走，並悲泣著說：「還我侍中、右衛。」士兵們從皇帝手裡強行拖走，劉、鍾兩人慘遭殺害。

18、藥物中毒

晉哀帝司馬丕相信方士的鬼話，一心想長生不老，實際操作方法是不吃飯，只吃藥。侍中高崧勸諫，也聽不進去。後來慢性藥物中毒，大概就是汞中毒或者砷中毒，不能臨朝。興寧三年，司馬丕死了。在位 4 年，終年 25 歲。你說年紀輕輕，做什麼不好，非要拿自己當方士的試驗品。

19、皇家講座

晉孝武帝舉辦皇家講座，授課團隊屬於豪華陣容，僕射謝安侍坐，尚書陸納侍講，侍中卞耽執讀，黃門侍郎謝石、吏部郎袁宏執經，胤與丹陽尹王混摘句，主講課題就是《孝經》，聽講人都是屬於高階官員，孝武帝趁著各大門閥凋零的時候，抓緊意識形態教育。真可謂適逢其時，至於效果如何，也就不得而知了。

20、陽痿也是錯

晉廢帝即位後就成了桓溫的傀儡，他平常做事小心謹慎，生怕有把柄落在桓溫手中。桓溫急於在朝中立威，鐵了心廢掉他，想找理由還不簡單，而且還是個損招，散播謠言司馬奕陽痿，傳宗接代還需要別人幫忙，他的幾個兒子都是別人的勞動成果，為了維護皇室血統的純正，防止大晉天下落入外人之手，陛下只有讓賢了。桓溫這一招，不但摘掉了司馬奕頭上皇冠，而且剝奪了男人的尊嚴，一個字，陰！

21、機智保命

廢帝司馬奕被廢後，有人想借他旗號謀反，詐稱奉太后密詔，讓他復辟。有個保母警覺心較高勸他別動。來人說：「做大事，怎麼能聽婦人的話？」司馬奕也覺得蹊蹺，便說：「我是戴罪之身，不敢有妄想。就算太后讓我復位，怎麼只有你一人無憑無據來此，一定是你們想作亂。」來人一聽急忙逃走。此後司馬奕忍氣吞聲，整日喝得爛醉，廢後十五年才病死，也算善終。

22、等不及了

晉安帝雖然是個徹頭徹尾的白痴，但在弟弟琅琊王司馬德文照料下，能吃能睡，身體健康。劉裕一心想篡位，他已年近花甲，魏晉時多短命，這已經是高壽了，他擔心自己等不到了。便趁司馬德文生病之際，派中書侍郎王韶之就用衣帶把白痴皇帝勒死。晉安帝身為白痴已經很不幸，但死得更不幸，或許這對他也是一個解脫。

23、湊數皇帝

晉朝末年民間流行圖讖說：「昌明（晉孝武帝的字）之後有二帝」，所以晉安帝被害以後，劉裕又把琅琊王司馬德文拉上皇位做傀儡，他的即位，完全是為了湊數。半年後，便被廢掉。又一年後，為了斬草除根，劉裕派人把司馬德文用棉被活活悶死，諡號恭皇帝。如果算上晉孝武帝，晉朝共有兩位皇帝被悶死在被窩裡，一個死在婦人之手，一個亡於權臣之手。

宮闈　第二

傳明仇英〈西園雅集圖〉

宮闈是蛾眉鬥爭的戰場，是廟堂政治的延續，歷來充滿殺機、詭祕，當然這裡還是豔聞的溫床，裡面上演的故事遠遠超出最豐富聯想力作家的想像。

1、羊來決定

晉武帝司馬炎滅吳後，命令將吳宮佳麗運往洛陽皇宮，加上先前的宮女，後宮美女超過萬人，就算一天換一個也需要30年才能輪完。他煩惱晚上睡哪裡，後來決定把這個難題交給羊來決定。他每晚乘著羊車，在宮裡隨意遊逛，羊車停到哪，就在那裡留宿。聰明宮女在自家宮門前插上竹葉，地面灑上鹽水，好引誘皇帝的羊車前來。後來大家都仿效，弄得羊都迷糊了。

2、就他了

知子莫若父，司馬炎也深知太子司馬衷智商夠嗆，萌生換太子的念頭。司馬炎共有二十六個兒子，隨便拉一個都比這個笨兒子強。楊皇后聞言大驚，搬出歷史上好多老故事，擺事實，講道理，說換太子會動搖國本。司馬炎耳朵軟，禁不起老婆每天洗腦。咬咬牙，就他了。他這個愚蠢決定最後葬送了晉朝天下。

3、蠢兒醜婦

晉武帝本想為兒子娶衛瓘之千金，權臣賈充在朝中當公關大臣，他老婆郭氏賄賂楊皇后。他們知道自家醜女兒沒辦法談相貌，就說自己女兒賢惠淑德。晉武帝禁不起內外遊說，把短肥黑醜的大胖女子迎進宮內，跟太子司馬衷可謂是絕配，一對蠢兒醜婦。透過一系列策劃，賈充把自己醜女兒成功推銷給皇家，放在現代賈充絕對是一個行銷大師。

4、親自掛帥

泰始九年晉武帝舉行全國的選美，讓楊皇后來實際負責執行這項工作。楊皇后從心理上牴觸這件事，本來內宮這麼多女人已經夠讓她煩惱的，現在又要引進，這不是引狼群入室嗎？反感歸反感，工作還是要執行，不過打折扣，只選身材高䠷及皮膚白皙的，容貌漂亮全落選。司馬炎一看很不滿意，就地免去皇后選美負責人的職務，親自主掌選美面試，簡化過程，效率和品質馬上提高許多。

5、一門兩后

司馬炎皇后楊豔病重，知道來日不多。她放心不下笨兒子司馬衷，擔心撒手人寰後，他的太子位置不保。她要求自己走後，讓她堂妹楊芷代替自己位置，小姨總是比外人心疼自家孩子。司馬炎念在幾十年夫妻情分點了頭。楊豔是走了，但她身後的笨兒子和惡婦賈南風可是個棘手工作。楊芷叔叔楊濟洞若觀火，為自己謀後路說：「自古一門二后，從來沒好結果，希望給我一張免罪保證書。」司馬炎覺得好笑，但也同意了，沒想到以後發展果不出楊濟所料。

6、將門嬪妃

晉武帝貴嬪胡芳是將軍胡奮之女，出身將門，為人豪爽灑脫，頗受寵愛。有一次，武帝與胡貴嬪玩樗蒲遊戲，胡貴嬪與皇帝奪投矢，弄傷了手指。要是普通妃子，早已花容失色了，胡貴嬪倒坦然自若。武帝不滿說：「真是將種啊，這麼粗魯無禮！」胡貴嬪回嘴反道：「北伐公孫，西拒諸葛，不是將種又是什麼！」暗示晉武帝祖上司馬懿司馬昭也是帶兵打仗的，你也文明不到哪裡。弄得晉武帝沒脾氣了，一時說不出話來。

7、步步殺機

歷來後宮有風險，入宮需謹慎，娥眉遭人妒，紅顏多薄命。賈南風自己長相奇醜，卻對老公實現奴隸化管理，不准自己的笨丈夫跟別的女人有染。如果那個女人抱著僥倖心理想一試，那麼你的下場絕對很慘。賈南風的鼻子比狼狗還靈，稍微風吹草動，難逃她的眼睛。她有兩把寶貝藏在身邊，一把鋼刀一副藥，你想冒險的話鋼刀毒藥隨你挑。

8、嫉妒殺人

賈南風和司馬衷結婚後，肚子不爭氣，硬是沒有動靜。司馬衷雖笨，但尚能完成丈夫的責任，後來賈南風發現有宮女在她眼前懷孕了，醋意大發。從衛兵手裡奪過戟直接插到孕婦腹部，頓時一屍兩命。晉武帝大怒，決定把她廢黜。好在有荀勖、楊珧以及嬪紀趙粲勸解，楊皇后也勸武帝念在賈充有功的分上寬恕他一次，賈妃因此而沒有被廢。

9、考試作弊

晉武帝想考考笨兒子司馬衷，為防止作弊，他把太子東宮大小官屬都招至皇宮內宴飲賜酒，然後密封試卷，送給太子，想考太子處理政務的能力，並讓使臣就坐在外面等太子的文件批覆。太子妃賈南風急忙找了個臨時槍手，槍手很敬業，試卷旁徵博引文采斐然，這時有個叫張泓的小太監出主意說：「太子有多大能耐人所共知，寫得過於專業，一定露馬腳，不如答題淺顯粗俗一點，就事論事就好。」試卷交上去，武帝果然很滿意。

10、賈后治病

賈南風自稱有病，常以治病名義讓太醫令程據出入後宮，與之私通，在程太醫精心「治療」下，賈南風容光煥發，可惜程太醫數月下來，快變成藥渣了。紙包不住火，賈后的醜行很快朝野皆知。就連她的族弟賈模都看不下去了，多次勸她收斂一點，講禍福自取的道理。賈后不但聽不進去，反認為賈模是詆毀自己，因而疏遠他。賈模氣得不行，憂鬱激憤死去。

11、天上人間

賈南風長相醜陋，卻生性淫蕩。常誘騙美貌男子尋歡作樂，事後殺人滅口。洛陽城南一名年輕俊美小吏，失蹤了一段日子。等他再次出現時華衣美服、儼然富豪。被疑為偷盜，抓去見官。小吏稟說路遇一老婦，說主人生病，需少年來驅邪，將自己裝進箱子，運入一座豪宅中。詢問這是哪裡，被告知是「天上」。後來有位矮胖醜婦出現，留他共宿，由於服務到位，送他許多財物。審案官員猜知原委，便草草結案，將小吏釋放。

12、婆媳衝突

楊皇后常在晉武帝面前替賈南風說好話，讓她沒有被廢除。而私下裡則以婆婆身分訓斥賈妃，讓她做個守規矩的兒媳婦，其實她這個婆婆比賈妃也大不了幾歲。賈妃不知皇后這樣做是為了幫助她，反而認為皇后在武帝面前陷害她，因而仇恨楊皇后。後來晉惠帝即位，賈皇后不肯以兒媳的身分侍奉皇太后，整日不給她好臉色。典型的忘恩負義之人。

13、故作寬大

賈后拿下楊駿後，想順手搬走楊太后這塊絆腳石。但她不想直接表達出來，而是裝作法與情兩難的樣子:「各位大臣還是放了太后一馬吧。」那些滿朝文武政治嗅覺比狗還靈敏，馬上知道賈后的真實意圖，表現出一副大義凜然同仇敵愾的樣子，堅決要求嚴懲楊太后這個首惡分子，不然滿朝文武不答應，全國人民不答應。賈后還是「懇切」說，就不能通融一下，大臣們慷慨陳詞說，皇后再這樣，我們都辭職走人。賈后「無奈的」說，既然民意如此，那就讓太后委屈一下，搬到冷宮去住了。

14、無奈的哭泣

賈后把楊太后打入金墉城後，開始把魔爪伸向楊太后母親龐老太太，授意一些大臣揭發檢舉。於是有關部門上奏說:「楊駿造反作亂，饒了他妻子龐氏性命，以安慰太后之心。現在太后被廢，應把龐氏執行死刑。」龐氏監刑的時候，太后抱住她號哭叫喊，割斷頭髮，跪下來以額觸地。請求饒母親一命，賈后根本不理睬。

15、餓死太后

楊太后被廢後，押送到金墉城。賈后之後將她的內侍及宮人全部遣散，不讓她吃喝，被活活餓死，死時三十四歲。賈南風就算死人也不放過。她聽信巫師鬼話，怕楊太后將她做的壞事到地下告訴武帝，在楊太后棺材上貼了靈符，將屍體面向下，永世不得翻身。永嘉元年，追封楊太后為武悼皇后，但是另立一廟，神主不能和武帝相配。晉成帝咸康七年，才將她供奉入祀於晉武帝之廟。

16、奉召出誰

賈南風廢除太子以後自以為除了心腹大患，不料叛亂起義，齊王司馬冏進宮來捉拿，忙問：「愛卿這是幹嘛？」司馬冏回答：「奉詔令逮捕皇后！」賈后此時笨得可愛，問：「詔令都是出自我手，是誰給你下的詔？」司馬冏懶得和她廢話，直接抓起來。賈后被俘後，遠遠看見東堂內自己的笨老公惠帝坐著，便高聲喊道：「陛下你的老婆被抓了，你不管啊！」惠帝在哪裡傻笑，一言不發。

17、賈后之死

賈后廢除太子司馬遹引起了眾怒。永康元年（西元300年），掌握禁軍的趙王司馬倫想趁機起兵篡位，散播謠言說大臣們正密謀扶助太子復位。賈后果然開始害怕起來，立即派人毒死太子。正好授趙王倫以柄，派禁軍校尉、齊王司馬冏帶兵進宮逮捕賈后，曾經橫行朝廷、不可一世的賈南風不久被司馬倫以金屑酒毒死。

18、劉聰蒸母

漢主劉聰即位後，見後母單太后貌美，也蒸而淫之。單太后大概為了兒子，不得已而從之（匈奴有父死納庶母舊俗，但劉聰畢竟以染漢風頗深，故為不齒）。單太后兒子劉乂得知後，非常憤怒，常常入宮對老媽熱嘲冷諷。單太后又羞又愧，一命嗚呼。劉乂後來也死在這位大哥手裡。

19、一門六妃

古人不准同姓通婚，漢主劉聰聽說太保劉殷兩個女兒漂亮，就管不了那麼多，娶她們為左右貴嬪。後來發現劉殷家美女資源豐富，抱著肥水不落外人田的原則，再把劉殷的四個孫女也收編了。一時之間，「六劉之寵傾於後宮」。

20、劉聰賞妃

劉聰俘虜晉懷帝後，兩人回顧了往日友誼，不同的是如今實現角色互換。得意之餘，劉聰竟把「六劉」中的一位小劉貴人賜給晉懷帝，並囑咐說善待她。數月後，晉懷帝被毒殺，劉聰又收回了小劉貴人，恢復了對她的所有權，真不知道他心裡怎麼想的。

21、女兒投資

靳準本人沒什麼才能，但他家有一種寶貴資源——美女，他的女兒們每一個都長得如花似玉，為了保住富貴權勢，他首先把兩個女兒嫁給劉聰，一個為后，一個為嬪。後來他又把小女兒嫁給劉聰兒子劉粲為后。因此儘管匈奴漢國皇帝從劉聰換成劉粲，身為兩代帝王的老丈人，他一直保持不倒。靳準果然是個精明的投資家，知道怎麼保持資源投資的多元化，長期化，從而實現利益最大化。

22、兩國皇后

惠帝羊皇后，太安元年立為皇后。八王之亂是兩度被廢，又兩次被重立，當然她的廢立都跟她的笨蛋老公無關。洛陽之戰後，劉曜羊后被俘虜。羊后的風韻使劉曜為之傾倒，後來立為皇后，羊后為他生下三個兒子。羊后身侍二帝，歷經兩國，一生曲折，三起三落，可謂充滿傳奇。

23、宮廷性啟蒙

晉武帝知道自己笨兒子司馬衷智商不高，怕他不懂男女之事，所以派了一個後宮婦人謝玫去性啟蒙笨兒子，她透過理論與實踐相結合，司馬衷也很快上手，並且得到成果，謝玫有了身孕。因為好多東宮女人慘遭賈南風毒手，武帝怕出意外，把謝玫接到宮中，後來安全生下孩子，總算逃出了賈南風魔爪，他就是後來的廢太子司馬遹。

能臣　第三

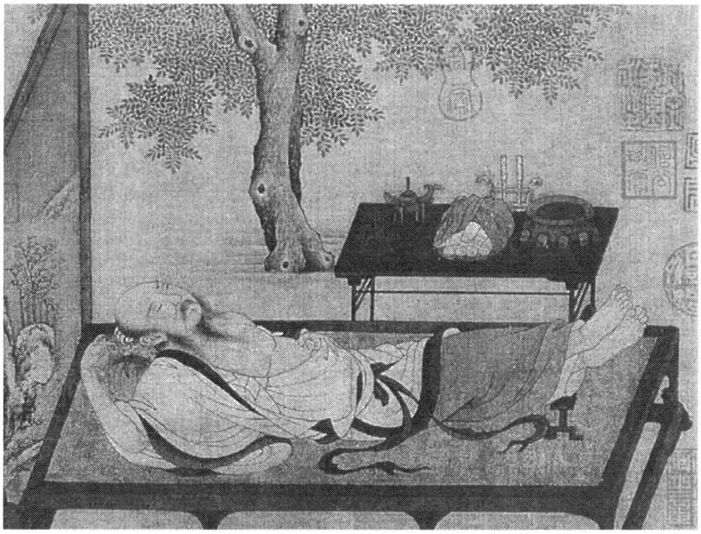

東床坦腹圖

兩晉之時，忠孝仁義掃地，罕有忠臣義士，但亂世也為一批精練的官吏提供表演的舞臺和機遇，他們的所作所為直接左右著時局的走向。

1、賀循緝盜

東晉時太傅賀循任職吳郡。剛到任時不大出門。吳郡有勢力的家族很輕視他，便在他的府門寫了大字報：「會稽來的公雞不打鳴。」賀循知道後，走出府院。到門口又轉過身來看了看，提筆在大字報上添了一句：「不打鳴的公雞要殺人。」於是便到各軍屯和官邸去搜查，查出顧陸諸家強迫官兵為自家工作，還敢窩藏逃犯。為此事進行一次大規模的打擊犯罪，此後吳人就把嘴閉上了。

2、蔡謨反戰

蔡謨字道明，陳留考城（今河南民權）人。東晉朝廷趁中原混戰派兵北伐，起初捷報頻傳，朝野認為光復中原指日可待，蔡謨卻認為北伐只是勞民傷財，只會為朝廷帶來憂患。果然，不出蔡謨所料，北伐軍之後連連大敗，以失敗而告終。蔡謨反對北伐是審時度勢，他理解東晉王朝內外交困，舉步維艱，反對不自量力的北伐，以免百姓受苦。

3、陸雲斷案

陸雲為浚儀令時，發生一樁命案，凶手不明。陸雲逮捕死者妻子，卻沒審訊，關十多天後釋放，暗中派吏卒跟蹤。那婦人離開不出十里地，有一名男子在守候，正與婦人說話，吏卒將他逮捕。經過審訊，那名男子供稱，他與死者的妻子發生姦情，謀害婦人的丈夫，今天聽說婦人無罪釋放，便來探問消息，又怕離縣城太近，遭人指認，所以才在遠處守候，不料被陸雲欲擒故縱，逮了正著。

4、生育政策

巴郡與吳接壤，當地百姓苦於戰爭徭役，生了男孩多不願養育，就算養大還不是白白送死。王濬擔任巴郡太守後，制定了嚴格的法規條款，減輕徭役課稅，生育者都可免除徭役，因此存活的嬰兒有數千人。等王濬伐吳的時候，在巴郡活下來的男嬰，到了服兵役年齡，父母都勸勉從軍兒子說：「是王府君給你的命，你要勤勉效力，不要貪生怕死啊！」

5、匹磾持節

段匹磾被石勒俘虜後，身著晉朝朝服，手持晉節，正氣凜然。石勒屢次勸降都被他義正詞嚴斥退。暴君石勒竟然拿他沒辦法，一年後，覺得長期留著這個定時炸彈在身邊不安全，萬一有人利用他的聲望作亂，就會變得無法收拾局面，便將他殺害。晉朝中原覆滅後，多少漢人大臣搖尾乞憐屈身事敵，段匹磾身為鮮卑人卻滿腔忠義，以身報國，可見英雄不問出處。

6、捨身求義

王敦發動叛亂前，擔心後院起火，便派人勸服湘州刺史譙王司馬承，司馬承雖然是個平庸的宗室王爺，年紀也大了，但不昏聵，對朝廷忠貞不二，嚴詞拒絕道：「湘州地荒民寡，現在孤立無援，但身為人臣，朝廷危難中只求盡忠職守，死得其所，也沒什麼遺憾的了。」勸降不成，王敦派兵兩萬精兵進攻長沙，司馬承城破被殺。

7、帶病出席

卞壼（西元 281 年～ 328 年），字望之，濟陰冤句人。為人剛正不阿，不畏權貴，堅決維護中央權威。晉成帝登基大典在即，重磅人物王導本該扮演重要角色，帶頭向晉成帝為首的新領導團隊表明團結精誠的態度，剛好此時王導病了，不能出席。卞壼一看說，目前處在新舊團隊交接關鍵時刻，你這是什麼態度，你持什麼立場，別人會怎麼想。王導聽說出了一身冷汗，急忙帶病來參加。

8、忠言逆耳

蘇峻屯兵歷陽，兵強馬壯，庾亮視為眼中釘，想削弱他的兵權，常說：「蘇峻素有狼子野心，將來一定會作亂，若不乘早削弱他，以後坐大就沒辦法了。」便以朝廷名義召蘇峻任大司馬，藉機釋其兵權。在一片沉默中，卞壼站出來反對，說蘇峻擁有重兵，與京城近在咫尺，若強行削權，不是逼著蘇峻提前叛亂嗎，不如溫水煮青蛙，逐步削其兵權。庾亮不聽，結果蘇峻果然被逼造反。

9、一門忠烈

蘇峻叛亂後，卞壼奉命禦敵，敵勢洶湧，戰鬥中，背瘡發作，以死報國，年四十八歲。卞壼兩個兒子卞眕、卞盱見父親戰死，也奮力殺敵，雙雙殉國。卞壼老母親一日之間失去了兒子，又失去孫子，人生哀莫大於白髮人送黑髮人，老太太抱著廳堂下兒子和孫子的屍體哭道：「父為忠臣，子為孝子，夫何恨乎！」

10、王導護主

蘇峻叛亂，叛軍快攻進建康臺城，到處燒殺搶掠，無惡不作。面對殺紅眼的叛軍，王導怕小皇帝（晉成帝）有個閃失，毅然不顧個人安危，夥同侍中褚翜衝進皇宮，抱著小皇帝登上太極殿御床，用身體護著他。當時滿朝百官早已逃得一乾二淨，整個大殿空蕩蕩的，靜得可怕，等叛軍殺進殿來，侍中褚翜喝道：「讓蘇峻來覲見天子，你們這些嘍囉豈敢放肆！」叛軍大家面面相覷，一時不知如何，小皇帝逃過一劫。

11、王坦之毀詔

簡文帝病危，下詔讓桓溫入朝輔政，「以周公居攝故事」（做代理皇帝），侍中王坦之一看皇帝這不是被燒昏腦袋了嗎，馬上反對，說：「這天下是宣帝、元帝辛苦打下的，不能就這樣便宜了桓溫，不能任由您的脾氣來。」當簡文帝面撕掉了詔書，由於王坦之反對，讓桓溫沒了篡位的法理基礎，只好暫時作罷。

12、固執己見

晉朝尚書僕射孟昶是出了名的死腦筋，品行高尚，對晉室忠貞不二，但也難免迂腐。盧循、徐道覆叛亂，逼近建康，孟昶想帶著晉安帝過江避避風頭。他本人不是什麼貪生怕死之輩，一心為了皇帝安危。劉裕不同意，皇帝一走，必定軍心大亂。孟昶為表明心跡，急得要自殺。劉裕也滿肚子氣，想死等我打完仗再死也不遲。但是孟昶當晚回家還是服毒自殺了，他是不想看見皇帝受賊寇侮辱。

13、王修扣錢

一代名將王鎮惡被小人沈田子冤殺後，王修氣憤不過，誘殺沈田子。如此一來，鎮守長安的就靠王修一介幕僚了。但名義上鎮守主帥是十二歲的劉義真，小鬼頭懂什麼，誰說他好，誰陪玩開心就賞誰，濫賞無度。王修為人正直，看不慣，便扣下不發。眾人便向劉義真誣告王修謀反，遂被殺。王修一死，群龍無首，犧牲無數將士性命得來的關中很快就丟了。

14、官吏考核

晉武帝讓河南尹杜預拿出一套公務員考核辦法來，杜預參考了歷代公務員考核辦法，又結合自己心得，拿出一套方案。主要內容：1、選拔官員要不拘一格，規章制度簡化繁縟細則。2、工作中抓大放小，要求實務，不說空話和客套話。3、任命權威人士，對官員年度考核，考核週期六年，選拔優秀，淘汰不作為人員。4、考核堅持公正、公平原則，接受輿論監督，若出現徇私舞弊，監察部門要劾察。杜預把方案提交上去，晉武帝卻沒執行。

15、統一戰線

濟陰太守、巴西人文立提建議說：「蜀地資深人士流落到中原後代要多加關照他們的就業，吸納到合適的職位上，好籠絡住蜀人的民心，這樣可以向吳人（當時吳國尚未滅亡）展示我們的優越性。」晉武帝聽後下詔說：「諸葛亮是蜀地政治楷模，他兒子諸葛瞻，面臨危難守節而死，他的孫子諸葛京，應優先安排工作。蜀將傅僉父子，為主人而死。是道德榜樣 ，他們家屬正在服勞役刑的，提前赦免。」

16、劉毅簡政

劉毅字促雄，東萊掖人。早年立志做一個超凡脫俗的清官。平陽太守杜恕慕其聲名，請他出任功曹，除掌郡府人事外，並參與郡裡日常政務。劉毅上任後，大刀闊斧地考核官員，沒有多久，被他淘汰的庸官就有一百多人。劉毅因此聲名大噪，時人都說：「但聞劉功曹，不聞杜府君。」

17、劉毅肅貪

西晉王朝，本身就是靠士族上位，那些握有重權的士族們，都是要麼靠祖宗庇蔭，要麼拉關係上位的，完全不會認真做事，撈錢一個比一個在行。貪贓受賄在官場司空見慣。劉毅拜司隸校尉後，糾劾望族，嚴懲貪黷，那些貪官汙吏，下起縣令，上至太守，都望風投印綬而逃。他們知道，落到劉毅手中，丟的不僅僅是銀子，連腦袋也保不住，算了，還是保住飯碗要緊，跑路吧。

18、劉毅執法

劉毅任司隸，舉發懲處豪門權貴，無所顧忌。中護軍、散騎常侍羊琇，過去曾有恩於晉武帝。靠著皇帝這棵大樹，驕橫奢侈，多次犯法。劉毅上奏皇帝，檢舉羊琇的罪行，認為他所犯下的罪應當處以死刑，晉武帝派齊王司馬攸私下去找劉毅求情，皇帝面子不好駁，便同意了。剛好都官從事程衛，拘捕了羊琇的手下官吏，審問出許多羊琇所做見不得陽光之事。晉武帝不得已，免了他的官。

19、苦撐大局

賈后獨攬朝政，任人唯親，任命賈模為散騎常侍，兼領侍中。但娘家這些人除了撈錢撈權外，都是草包。朝廷大局還要靠一個有才華的實務家。張華沒有野心，儒雅有謀略，又是眾望所歸之人，便任命張華為侍中、中書監。張華盡職盡責，彌補朝政中的過失、遺漏，賈后雖然凶暴陰險，卻還知道敬重張華。所以幾年之內，儘管晉惠帝智商不高，但朝野安穩平靜，都是張華苦撐著。

能臣　第三

名將　第四

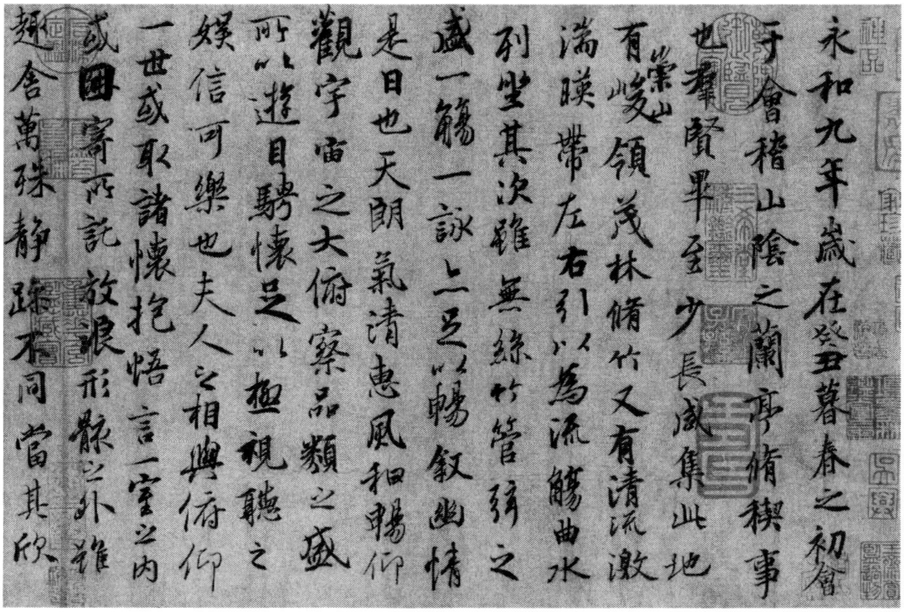

東晉 王羲之〈蘭亭集序〉

兩晉之時戰亂頻仍，名將輩出，他們或馳騁沙場建功立業，或功敗垂成，千載之下，肅殺之氣撲面而來，令人不勝唏噓。

1、君子之交

羊祜和陸抗分別是晉朝和吳國的前敵總指揮，在政治上是死敵，各為其主，但都是坦蕩蕩真君子，一切為了自己國家的利益，真刀真槍戰場見，從來不玩陰的。在私交他們還是好朋友。羊祜收到陸抗送的一罈好酒，喝得一滴不剩。羊祜聽說陸抗生病，讓人捎了副偏方藥給他。陸抗毫不猶豫服了藥，手下人提醒怕羊祜下毒啊，陸抗說：「羊祜哪是那種下三濫的人。」在他們身上展現了真正的名士君子之交。

2、羊祜攻心

羊祜鎮守荊州時，軍中有人俘虜了兩個吳國小孩，羊祜直接遣送他們回家。後來吳將夏詳、邵顗來投降，這兩個小孩的父親率領部屬一起來降。吳將陳尚、潘景侵犯邊境，被羊祜追擊殺死，羊祜很讚賞兩人能為國盡忠而厚禮入殯，陳、潘的子弟來迎喪時，羊祜以禮相待，送他們回國。吳將鄧香到夏口搶掠，羊祜派人將他生擒，然後加以寬慰放回。鄧香感激羊祜恩德，便率領自己的軍隊降晉。

3、緩和局勢

羊祜處在對吳國作戰第一線荊州後，投降的吳人可以來去自由，絕不勉強。自動裁減守邊、巡邏的士兵，剩餘人員讓他們開墾了八百多頃農田。他剛到那裡的時候，軍隊的糧食難以維持百日，透過自力更生後。軍中囤積的糧食夠吃十年了。羊祜在軍中，時常穿著便裝，不披掛鎧甲。他的警衛不過十幾人。所以這些示好舉動，贏得邊境兩方的信任，建立軍事信任機制，緩和地區局勢。

4、臨終薦將

羊祜在荊州前線主持工作多年，無情的歲月並沒有消磨他的意志，一心想滅吳統一全國。可行性報告寫了好多份，但是由於朝中那些怯戰，只想過安穩日子的賈充之流反對，一直沒有得到批准。羊祜終於在等待中病倒了，知道自己是看不到統一江南那一天了。司馬炎去問，你走了，誰接你的班啊。羊祜推薦了杜預，杜預是堅決主戰派，杜預辦事，我放心。司馬炎大概有點愧疚，很傷心，鼻涕眼淚一大把，天氣冷，都凍到鬍子上了。

5、王濬造船

晉武帝命令益州刺史王濬解散屯田軍，好空出人手造戰船。別駕何攀說，屯田也就五六百人，那可行。應召集各郡士兵，湊萬八千人，才能完成任務。王濬說這麼多人，沒主管批示哪敢私自徵召。何攀說：「朝廷一定不會同意。不如先自作主張馬上去辦，假如被拒絕，生米煮成熟飯，朝廷也拿我們沒轍了。」王濬覺得有理，命令開建。造出的船很大，士兵可出操，馬匹能賽跑。

6、時日無多

咸寧五年，王睿在四川大船造得差不多了，但伐吳總攻令一直不下，忍無可忍就向晉武帝連發三問：「一、要是孫皓死了，東吳選個了解事理的人怎麼辦？二、戰船造好多時，再不打爛完了怎麼辦？三、我現在都七十多了，有年沒日子了，要是突然死了，誰來帶隊？」晉武帝終於意識到問題的急迫性。才狠下心，排除一切雜音干擾，決心拿下吳國。

7、謝艾敗趙

謝艾，涼州敦煌人。涼州司馬張耽向西涼主張重華薦其為將。西元347年四月，石虎命麻秋、石寧圍攻枹罕。謝艾率軍三萬迎擊趙軍，打到黃河邊。麻秋看謝艾身穿儒服，頗為輕敵，下令進擊，前涼軍中頗為恐慌，部將勸謝艾乘馬作戰。謝艾卻下車坐到馬扎上，部署軍隊，指揮作戰，並派軍沿河迂迴包抄，前後夾擊，大敗趙軍。謝艾乘勝追擊，俘斬一萬三千人，麻秋隻身逃歸。

8、周處改過

周處年輕時在道上混過，他老家河裡有條蛟龍（大概是鱷魚），山上有隻跛足虎，都在禍害百姓，義興人合稱為「三害」。人們想借刀殺人，便勸他殺虎斬龍。周處殺掉老虎，跳入水中和蛟龍搏鬥三天三夜。周處殺死蛟龍上岸，聽到鄉親們以為他已死，舉辦慶賀會，才知道自己在鄉鄰心中是什麼貨色。他決心重新做人，到吳郡找陸氏兄弟，經過陸雲勸導，最終成為一代名將。

9、周處屈死

周處擔任御史中丞，彈劾過梁王司馬肜違法，被司馬肜懷恨在心，元康六年（西元 296 年），西北氐族反叛。朝廷任命司馬肜為征西大將軍，周處為建威將軍，隸屬安西將軍夏侯駿。次年正月，司馬肜、夏侯駿逼周處僅以五千兵力對七萬敵軍發動攻擊，士兵連飯都沒吃就被推上戰場。周處知道必敗無疑，奮勇殺敵，數以萬計，終於弦絕矢盡，旁人勸周處撤退，他卻按劍說：「這是我效忠死節、以身殉國之日！」遂力戰至死。

10、杜預拒戰

杜預字元凱，京兆杜陵人。司隸校尉石鑒跟杜預有私仇，一直想報復。鮮卑人襲擾隴右，杜預受命和石鑒拒敵。當時敵強我弱，石鑒強命杜預出戰，杜預認為晉軍孤軍深入，供給不及，應加強後勤供養，等來春再做圖謀。石鑒便上奏誣告杜預私吞軍資，貽誤戰機，交廷尉治罪，幸好杜預老婆是公主，才撿回一命，後來戰局發展果如杜預所料。看來有個有背景的老婆不僅是內助，還能活命。

11、能斷則斷

晉武帝早有伐吳一吞天下之心，只是朝臣反對而猶豫。杜預上書給他權衡利弊，目前形式對我有利，大臣們反對是由於計非己出，謀功奪利而已。如果讓孫皓看出計畫，遷都武昌，加強防守，堅壁清野，就不好攻打了。武帝當時正和張華下棋，張華看他還在沉吟，便說如今孫皓昏聵，我們不出擊，等他清醒，那時候就晚了，武帝於是下定決心伐吳。身為主管應當果斷，如果過於瞻前顧後，則會誤了大事。

12、俘虜烏龍

太康元年，杜預領兵伐吳，首攻江陵，圍而不打，截斷援兵，將沿江城池逐個拔除。派伏兵於還鄉城外，適逢吳國都督孫歆被王濬打敗返回，於是晉軍喬裝成吳軍混進城。直入孫歆大帳，還沒等他反應過來，就被活捉。此時王濬已向朝廷奏稱獲得孫歆人頭，沒想到過了幾天杜預把活的孫歆送到洛陽，這場俘虜烏龍一時成為人們笑談。

13、勢如破竹

伐吳之戰已進行過半，時值暑季，江南多雨，眾人都認為吳國建國百年，樹大根深，不可能速戰速決。不如等到冬季再發起總攻。杜預說打仗就像劈竹子，一刀下去，劈開幾節，剩下的就迎刃而解了，不能半途而廢，讓敵人有喘息之機。他堅持率兵攻擊，果然早已被晉軍嚇破了膽的吳軍紛紛望風而逃，反對者不得不表示嘆服。戰場瞬息萬變，戰機稍縱即逝，誰掌握住機會，誰就贏得勝利。

14、功成身退

杜預滅吳之後，卸甲致戎，專心進行建設、興修水利、通漕運，一心一意謀民生、建設學校，用中原先進的文化感染荊蠻，凡是百姓需要的事情，他都竭力去做，許多老百姓得到實在的實惠。古來征戰沙場，能征慣戰的名將很多。但像杜預這樣上馬能打仗，下馬能惠民的名將很少見。後人稱讚他「後世無叛由杜翁，孰識智名與勇功。」

15、陸抗退敵

晉朝楊肇到達西陵。與東吳陸抗對峙。陸抗手下有個都督俞贊逃到楊肇那裡。陸抗說：「俞贊是老油條了，知道我軍底細。我們的夷兵比較薄弱，獲得情報後，敵人必定先打夷兵防守的地方。」陸抗當夜將夷兵與精兵對調駐地。第二天，楊肇果然攻打原來夷兵防守的地方，陸抗下令反擊，結果楊肇的部眾傷亡慘重。楊肇無計可施，夜裡逃走了。陸抗命播鼓，佯裝要追殺。楊肇的部眾恐懼騷動，全都丟棄鎧甲脫身而逃。

16、鎮惡郎

桓石虔很有才能，身手矯健敏捷更是無與倫比。十七八歲就被僕人們稱作鎮惡郎，永和十年（西元 354 年），桓石虔隨軍進攻前秦。在一場戰事中，叔父桓沖被敵人所圍，眼看要被俘，桓石虔隻身匹馬殺入重圍，從亂軍中救回桓沖，竟沒有人敢阻截他。因為他的勇猛，對患瘧疾的人大喊一聲：「桓石虔來。」患病的人多數會被嚇好。可見人勇猛到一定地步連病菌都怕。

17、米袋計

祖逖陳兵浚儀（開封）城下，打敗石虎，石虎留桃豹守蓬陂，據西臺。祖逖派韓潛進入蓬陂，據東臺。於是出現一城兩軍局面。雙方對峙四十多天，糧草竭盡。祖逖為了迷惑敵人，糧袋內裝滿土，運往東臺，又派小部隊擔著米在途中休息，故意讓桃豹劫去。敵人以為祖逖士卒糧草充足，很洩氣，士氣低落。剛好此時石虎替桃豹送來糧草被祖逖劫了，桃豹自覺無望，便連夜率軍辭城而逃。

18、判若兩人

劉牢之字道堅，彭城人。淝水之戰，劉牢之氣吞萬里如虎，他率五千「北府兵」打敗前秦名將梁成兩萬人，斬殺梁成，一時名震南北，一掃晉室南渡以來的頹勢。淝水之戰後，中原戰局發生很大的變化，於是劉牢之受命援助昔日敵人前秦一起抗擊後燕，由於晉軍哄搶軍事物資，導致軍紀渙散，被慕容垂打敗，幸虧劉牢之有匹好馬跑得快，撿了一條命。經此敗局，劉牢之此後變得膽小謹慎，跟以前判若兩人。

19、名字由來

王鎮惡是前秦宰相王猛之孫，可惜出生選的日期不好，當然這怪不得他。王鎮惡生日是寧康元年（西元 373 年）五月初五。按照當時的習俗，這是個不吉利的日子，家人擔心他長大為家族帶來噩運，打算送人算了，就當禍害送出門。但王猛就不信邪，說道：「過去孟嘗君生在五月五，坐上了齊國的宰相，我們家以後還要靠這小子發揚光大。」！便幫他取名叫「鎮惡」，長大後果然成了一代名將。可見封建迷信要不得。

20、不忘舊恩

前秦滅亡時，王鎮惡才十三歲，沒辦法只有四處討飯吃。澠池有個叫李方的好心人，常供王鎮惡吃喝。王鎮惡打從心底感激李方，他人小志大，對李方說：「我以後做了萬戶侯，一定好好報答你。」李方就當鼓勵說：「你是丞相的孫子，富貴不難。如果將來你真的發跡了，讓我做本縣縣令，我就知足了。」多年後王鎮惡北伐，破了洛陽，沒忘記當年的諾言，任命李方做澠池縣令。

21、智取江陵

王鎮惡奉命討伐劉毅，先派人燒毀劉毅在江津的船隻，斷掉他從水路逃跑的後路。然後率領大軍直奔江陵城。途中路經關卡，王鎮惡均自稱是劉藩（劉毅堂弟）親軍。因此，一路綠燈，直達江陵城外。這時，劉毅將領朱顯之剛好要去江津，見到王鎮惡覺得不對勁，問：「劉兗州（劉藩）何在？」王鎮惡手下回答：「就在後面。」朱顯之急忙騎馬往後面去看，哪裡有劉藩蹤影，才知道上當了，急忙往回趕，王鎮惡率軍和他一起賽跑，幾乎同時衝進城門，守城士兵想關門已來不及了，遂很快占領了江陵。

22、生死度外

王鎮惡軍率水軍自渭水達長安城外，想一戰滅後秦。渭水水流很急，戰艦順流東去，飄得無影無蹤。王鎮惡背靠長安發動戰爭動員令：「兄弟們，你們家在萬里之外的江南，我們的船隻和後勤物資都已隨著滔滔渭水遠去，現在我們已經沒留後路了，唯有豁出去了，拚命一戰，若不然，則死無葬身之地。」說完身先士卒，眾將士也奮勇殺敵，士氣如虹。後秦軍一看晉軍玩命的廝殺，抱頭鼠竄，大敗而逃。

23、名將之死

平定關中以後，劉裕留十二歲次子劉義真鎮守長安，王鎮惡沈田子輔佐。後赫連勃勃來犯，劉義真派沈田子率兵抵抗。赫連勃勃太生猛，沈田子根本不是對手，便回兵，順便派人通報王鎮惡。王沈兩人素來不合，王鎮惡挖苦說：「劉公（劉裕）將十來歲的小孩託付給我們，當竭盡全力回報，你現在畏縮不前，怎麼才能討平敵寇？」沈田子聞言大怒，沒過多久，王鎮惡率軍和沈田子會合，沈田子乘機將王鎮惡殺死。可嘆一代名將王鎮惡沒死在戰場上，卻喪命小人黑手，可嘆可惜！

名士　第五

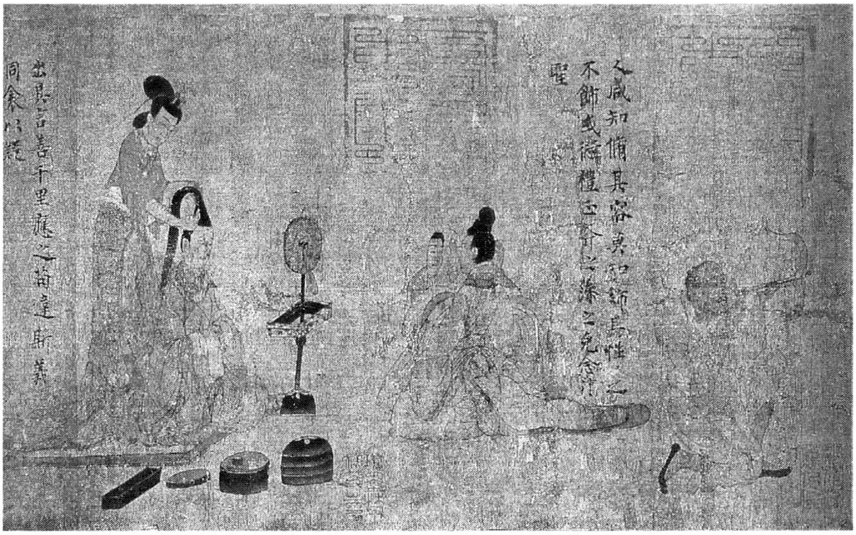

晉 顧愷之〈女史箴圖〉

晉朝時有這樣一群人，他們有超乎常人的聰慧才智，他們蔑視傳統，放浪形骸，大玩行為藝術，他們內心無奈，外表瀟灑無比，活出真人生，活出真性情，他們有一個共同的名字叫名士。

1、捫蝨論天下

王猛字景略，出身寒微，早年以販賣簸箕謀生。後來自學成才，博通兵法謀略。桓溫北伐，進兵關中，他便身穿一件破舊短衣去拜見，大概是很久沒洗澡，身上長了蝨子，他一邊和桓溫暢談天下大事，一邊捫蝨子，面無愧色，談笑自如，盡顯名士風度。桓溫對他獨到的見解和談吐大為折服，感慨不已。

2、蓴鱸之思

張翰字季鷹，吳郡吳縣人，被任命為齊王的東曹掾，住在洛陽。後來他見到秋風起，便動了思鄉之情，想起家鄉菜菰菜羹和鱸魚膾，便說道：「人生最寶貴的莫過於活著順心，何必為了混碗飯吃跑到千里之外來做官。」於是馬上寫了辭職信，駕車回家了。在這個世界上，大多數人委屈和壓抑個人，而張翰活出真我，追求生命的自足與完美，懂得享受生活、熱愛生活。

3、雪夜訪戴

王徽之退隱會稽山陰，一夜天降大雪，他夜半醒來，打開窗戶，喝酒遠望，只見白茫茫一片，心中有點悵然，遂吟誦左思的〈招隱〉詩，突然想起剡溪的好友戴逵，便乘著酒興，不顧天寒路遠，連夜乘船行一百多里，次日中午才到戴逵門前，沒進門便掉轉船頭返回。別人以為他在玩行為藝術，王徽之解釋說：「我本是乘興前往，興盡返回，為何一定見戴逵呢？」王徽之活在心情內，快意興致中，這樣的心態，多好！

4、桓伊吹笛

王徽之往建康途中，泊舟於清溪河畔，剛好桓伊從岸上經過。兩人以前沒見過面，王徽之早就聽說桓伊吹笛子非常出色，當時桓伊已經發跡，但王徽之不顧那些俗世禮節，讓人向桓伊捎話：「聞君善吹笛，試為我一奏。」桓伊聞言，欣然下車，蹲在胡床上吹笛，笛聲悠揚空靈，聽著如醉，曲畢，便上車去，兩人始終沒交談一句話。君子之交，神交而已，語言有時候完全是多餘的。

5、不准搶座

謝萬曾與蔡系一干人到征虜亭送別支遁，謝萬為靠近支遁，趁蔡系離座而搶占了他的位置，蔡系回來後連著坐墊帶人一起推下地，坐回自己位置。謝萬倒地，帽和頭巾都歪了，但神情自若慢慢站起來，找位置坐下，神情都很平和，並沒有憤怒或不自在。謝萬坐好後說：「你呀，差點弄傷我的臉。」蔡系答：「我根本就沒考慮過你的臉。」不過事後兩人都沒把這件事放心上。

6、老嫗烹鵝

王羲之非常喜歡鵝，會稽有一位孤老太太養了隻鵝，叫聲很好聽，他想買下來，老太太不同意，於是就帶著親友去觀看。誰知老太太聽說大名人王羲之要來她家，家裡窮也沒什麼好招待的，便把鵝宰殺煮了來招待他，王羲之看著桌上熱氣騰騰的鵝肉，一時欲哭無淚。

7、孫楚驢鳴

孫楚字子荊，太原中都人。恃才傲物，自視甚高，唯獨敬重王濟。王濟去世後，名士們都來弔唁。孫楚後到，面對遺體痛哭，客人們也受感染跟著流淚。孫楚哭完，對著靈床說：「你一直喜歡我學驢叫，今天我叫給你聽。」他的叫聲太逼真了，客人們都逗笑了。孫楚抬起頭來說道：「老天爺不長眼啊，讓你們這些沒良心的人活著，卻讓王濟死了！」

8、郝隆晒書

郝隆年輕時無書不讀，清談傾江左。晉人有七月七日晾晒衣物的習俗，有錢人把家裡綾羅綢緞拿出來炫富，郝隆家裡窮得一無所有，便躺在大太陽底下掀開衣服晒肚皮。別人問他在幹嘛，他回答說：「我晒晒肚中的書。」言談之間既是對自我才華的自負，也是對富人的嘲諷。

9、凡鳥不為伍

嵇康與呂安是好到不能再好的朋友。他每當惦念呂安時，就算相距千里也去信讓他來。有一次，呂安見信後來看嵇康，適逢嵇康外出。嵇康的哥哥嵇喜出來迎接他，呂安卻不進屋門，而在門上揮筆書一「鳳」字就走了。嵇喜不理解何意，待弟弟回家後問他。嵇康說：「『鳳』是凡鳥（鳳字拆開為凡鳥）啊！」顯然嵇喜在呂安眼中是一隻平凡的小鳥，不屑為伍。

10、謝萬時裝秀

簡文帝司馬昱在擔任宰相時，有一次讓謝萬來相府談公務。照理匯報工作應該穿正裝，謝萬卻偏偏特立獨行，一身休閒裝，披著一件有鶴毛的披風，戴著綸巾，踩著高跟的木屐，就輕飄飄地去見宰相了。司馬昱正埋頭如山的公文堆中，百無聊賴，昏昏欲睡。突然見到謝萬一身仙風飄逸，視覺衝擊力很強的時裝，精神為之一振，放下手頭的公務，和這位志趣相投的下屬兼朋友神侃了一整天。

11、拒絕喝免錢的酒

王戎早年去拜訪阮籍，剛好劉昶也在場。阮籍對王戎說：「我有兩斗美酒，我們必須把它喝光，旁邊那個叫劉公榮嘛，不用管他了。」兩個人你一杯我一杯喝得不亦樂乎，劉昶卻一杯也沒喝到，但三人一起言談說笑，跟平日沒有什麼兩樣。後來有人問起這件事，阮籍答道：「比劉公榮強的人，我不得不和他喝酒；不如劉公榮的，不能不跟他喝酒；只有劉公榮，可以不跟他喝。」看來劉昶喝別人的酒出了名，阮籍不屑於和他共飲了。

12、王敦仗義

晉惠帝太子司馬遹被廢，押解至許昌，往日裡那些朝臣們無不對太子爺諂諛獻媚，如今看見落馬了，樹倒猢猻散，都躲得遠遠地，唯恐跟自己沾上關係，賈南風可是正在瞪大眼睛看著呢，這時只有王敦置殺身之禍不顧，在路邊含淚拜別這位失意太子。

13、腹內容人

周顗心胸非常寬廣，有涵養有氣質，戴淵個性張揚，只要周顗在座不敢多說一句話。王敦自以為很帥，但每次見到周顗都自慚形穢的流汗，大冷天不停地用衣袖搧面。王導和周顗喝醉後，枕在周顗腿上，指著他的肚子開玩笑說：「這裡面有什麼呢？」周顗答道：「空洞無物，然足容卿輩數百人！」

14、謝安自如

簡文帝死後，由於王坦之和謝安反對，桓溫想篡位陰謀沒得逞，便懷恨在心。寧康元年（西元 373 年）三月，桓溫率軍入朝建康。城內都傳言，桓溫要殺光王、謝兩家，取代司馬家。王坦之聽後嚇得不知所措，謝安坦然自若。他們一起到郊外新亭迎接桓溫，桓溫故意擺出架勢，身後站滿刀斧手，王坦之嚇得「流汗沾衣，倒執手版」，謝安卻像沒事一樣，該吃就吃，改喝就喝，桓溫為他的膽識和名士風範所傾倒。

15、王恭臨刑

王恭在刑場，面臨將死，十分冷靜。他整理一下凌亂的頭髮，名師就算死也要保持自己的風度，然後默誦佛經畢，回過頭對行刑人從容說：「我本忠心朝廷，只因用人不察，以至於此，百代以後，世人一定會理解我的用意。」說完從容受死，王恭五個兒子、王恭弟王珣以及王恭一個姪子皆同日被殺。

16、阮瞻撫琴

阮瞻字千里，陳留尉氏人，「竹林七賢」之一阮咸之子。生性清心寡欲，知足常樂。讀書不追求過於深刻的鑽研，只掌握要領就感到知足。他很會彈琴，好多粉絲慕名前來，阮瞻不論長幼貴賤，都為他們彈奏，滿足他們的要求。彈琴之時，他達到完全忘我的境界，竟不知何人所在。阮瞻妻兄潘岳也是他的死忠粉絲，聽完一曲又一曲，沒完沒了，阮瞻都耐心彈奏，沒有絲毫怨言。人們都誇他有耐性，不耍大牌。

17、阮瞻應徵

阮瞻參加公務員考試，主考官是司徒王戎。考題是：「聖人看重名教，老莊申明自然，他們的主旨有無異同？」阮瞻知道王戎喜歡老莊，便回答說：「將無同（有什麼不一樣嗎？）」言下之意，聖人的名教和老莊當然是內在互通的。王戎覺得遇到知音了，便錄取他。當時人說，呵，阮瞻這小子厲害啊，說了三個字就考上公務員了。

18、阮瞻謙讓

阮瞻為人很謙讓，朋友圈流傳著一件事可以為證。據說阮瞻曾與人外出，剛好天氣非常熱，大家非常口渴。碰巧路邊客舍有口井，眾人都一窩蜂衝上去搶水喝，阮瞻獨自慢吞吞地落在後面，等別人都喝完他才去喝。當然也有可能他跑不快。

美男　第六

晉 顧愷之〈女史箴圖〉局部圖

愛美是人之天性，不同的是在晉朝你要想起一個絕世美女的名字很難，但要是想說出帥哥，這個名單絕對很長，不是晉朝缺美女，而是晉朝帥哥大搶風頭，使美女們相比黯然失色。

1、擲果盈車

潘岳，字安仁，是個超級帥哥，擁有海量粉絲，潘帥哥年少時拿著彈弓，驅車在洛陽大道上，女粉絲們都手拉著手圍著他唱歌，拚命將鮮花和水果往他車上扔，一天回來，滿車都是花果。左思，字太沖，學問高深，文章寫得花團錦簇，就是相貌長得有點抱歉，他羨慕潘岳，也上街招搖，結果迎來的不是鮮花和水果，差點被口水淹死，左老弟弄得狼狽不堪。可見做人要找準定位，不是形象男，就乖乖做實力派，如果定位弄錯，就會遭到唾棄。

2、以貌取人

溫嶠和庾亮都是花樣美男子。溫嶠去見大將陶侃，陶侃放出狠話：「聽說庾亮不是好東西，這小子最好別來見我，否則我忍不住要殺他。」庾亮在外面聽到，感到哀傷。溫嶠卻信心滿滿，鼓動庾亮去見陶侃：老弟，對自己的帥，要有信心啊。庾亮硬著頭皮去見那個揚言要殺他的陶侃，帥氣是人氣，庾帥哥「風姿神貌」，征服了陶侃，陶侃一見他後，態度立刻轉變，馬上舉行宴會，招待二位帥哥。

3、看殺衛玠

衛玠字叔寶，少年時乘坐羊車在洛陽市區兜風，引來滿街圍觀：誰的孩子啊？長得跟玉璧一樣。洛陽人都稱衛美男為「璧人」。可惜衛帥哥先天身體瘦弱，看起來連衣服都撐不起來。後來中原發生五胡戰亂，他舉家避難建業（今南京），建業也有他的大量支持者，爭相一睹偶像風采，他的車輛被圍得密不透風，結果導致衛美男嚴重缺氧，窒息而死。

4、光彩照人

裴楷長得儀表出眾，就算不穿高檔品牌，身穿粗布麻衣，頭髮蓬亂，上街以後，也讓人覺得很美，當時人們稱他為「玉人」，這就叫氣質美。看到他的人說：「裴帥哥那樣，就像走在玉山上，光彩照人。」

5、珠玉瓦石

王衍字夷甫，琅邪臨沂（今山東臨沂北）人，皮膚白皙，異常俊美，他清談的時候，手裡拿著白玉柄拂塵，突然一看手跟玉柄顏色一樣光潔，大將軍王敦稱讚說：「在大庭廣眾之下，夷甫就像是落在瓦礫堆的明珠。」

6、鶴立雞群

有人對王戎說：「嵇延祖（嵇紹）卓爾不群，風采迷人，那叫一個帥啊。站在人群中就像鶴立雞群。」王戎答道：「你還沒見過他老爸嵇康的風采呢，那才豈是一個帥字了得。」老嵇家的 DNA 果然優良，出的都是最優秀的帥哥。

7、神仙中人

王羲之見到杜弘治，讚嘆說：「臉蛋潔白細膩得就像是凝凍的油脂，眼睛烏黑明亮得像是點上了黑漆，這真是傳說中的神仙中人啊！」當時是有人稱讚王長史的形貌美麗，有位姓蔡的老兄說：「可惜這些人沒看見過杜弘治啊！」

8、君非凡人

王濛任中書郎時，在尚書省上班，有一次天降大雪，王濛在辦公大院門口停了車，緩緩踏雪往裡面走，雪光映著他雪白的肌膚，衣袖在晨風中飄飄然，遠遠望去猶如神仙臨凡，他的同事從辦公室窗戶看見後，讚嘆道：「這根本就不是現實中的人啊！」

9、攬鏡自顧

王濛很自戀，有空閒就對著鏡子欣賞自己的相貌，流露出一種小男人的自戀；但他在工作時，卻是一絲不苟、極為專注，展現事業型男子的風範。愛美不是女人的專利，每天花點時間來認真打理自己的儀容，提升自信，使在工作中更投入、更有效率。所以，每個男人每天應該多花些時間在照鏡子上。

10、皇家禁臠

謝混字叔源，謝安之孫，號稱江南第一美男。晉孝武帝想為女兒晉陵公主擇婿，徵求王珣的意見，看是否有合適的人選，王珣推薦了謝混。孝武帝很滿意，但尚未將婚事提上日程，就駕崩了。婚事只能往後退，但這件事外人不知道。有個大臣想把女兒嫁給謝混。王珣開玩笑說那可是皇上家鍋裡的肉（禁臠），你可別打主意哦。晉元帝剛來江南，手頭緊，豬脖子上有塊肉味道最美，大臣不敢吃，都送皇帝，稱為「禁臠」。

11、恨不得謝益壽

帥哥謝混風姿絕秀，文采斐然，只是由於跟錯人、選錯邊，被劉裕處死。後來劉裕篡晉，在登基大典上，劉裕總是覺得不完美。有人對劉裕說：「陛下應天受命，登基大典美中不足的是沒有謝益壽（謝混小名益壽）為您奉璽紱。」劉裕也嘆息道：「吾也很遺憾哪，現在的年輕人中再也沒有這樣的人了！」但再完美的帥哥在政客眼裡也只是點綴品。

奇女　第七

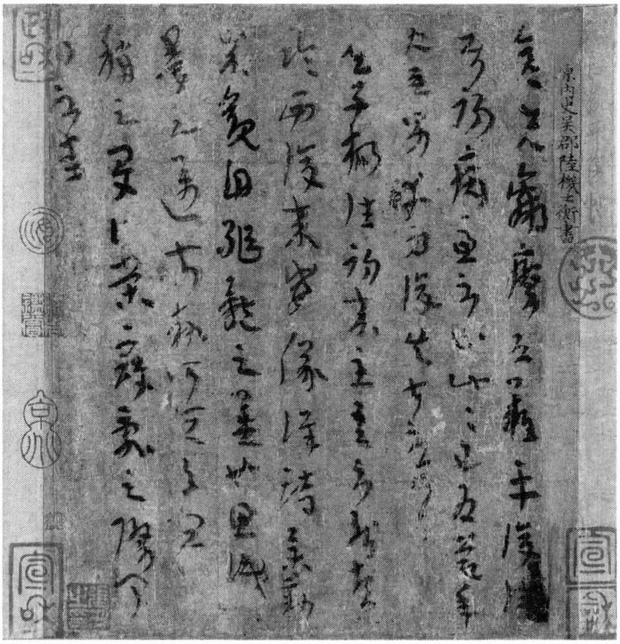

晉 陸機書〈平復帖〉

晉朝美女們應該感謝時代，那個時代，她們擁有後世封建王朝婦女無法想像的自由，她們可以上街追帥哥，可以與文藝界的那些男性重量級人物交流心得。

1、少年女俠

晉愍帝時，襄陽太守荀崧被反賊杜曾圍困，孤城被圍，糧援俱斷，想派人突圍出城，向老部下石覽求救，諸將無人敢應答。他一籌莫展之際，才十三歲的女童荀灌娘提出前往。灌娘從小喜歡舞槍弄劍。荀崧無奈之下，只好同意。荀灌娘藝高膽大，果然搬來救兵，襄陽解圍。一個十三歲的小女孩，竟能突出重圍，搬來救援，是何等膽識與豪氣，果然有志不在年高。

2、高下立顯

晉朝名將謝安，在一個寒冷的雪天，把家人聚集在一起，跟子姪們談詩論文。沒多久，雪下得越來越大，謝安頓時有了雅興，便高興地說：「這紛揚的大雪像什麼呢？」他哥哥的長子胡兒說：「跟把鹽撒在空中差不多。」姪女道韞說：「不如比作風把柳絮吹得滿天飛舞。」謝安高興得笑了。

3、義退孫恩

盜匪孫恩率眾攻打會稽，呆頭鵝王凝之居然不加設防，每天祈禱神仙庇佑，結果王凝之及諸子都被殺害，王凝之妻子謝道韞想乘亂突圍，最終被俘，孫恩看到她懷中小外孫，以為是王氏子孫，下令處死。謝道韞厲聲說：「事在王門，何關他族？此小兒是外孫劉濤，如必欲加誅，寧先殺我！」孫恩早就聽說謝道韞的才名，被她義正詞嚴折服，於是改容相待，不但沒殺她的小外孫，並下令善加保護，送她回故居。

4、綠珠墜樓

西晉時期，富豪石崇出使越南，得到一絕色美女叫綠珠，他建一座金谷園別墅用來藏嬌。他後來失勢，終日守著綠珠。中書令孫秀偶然見到十分有名的綠珠就動了心，向石崇索取未果，就派兵強取。綠珠抵死不從，跳樓而死。五百多年後，文藝青年杜牧來到洛陽，面對早已經荒蕪金谷園故地，感慨萬千：「繁華事散逐香塵，流水無情草自春。日暮東風怨啼鳥，落花猶似墜樓人。」

4、隔牆聽論

謝安在家中弄了家庭文藝聚會，座上有孫綽兄弟，他們當時很有名氣，謝夫人劉氏感到好奇，想聽聽他們究竟有什麼卓越見識，所以就在客廳隔壁偷聽。誰知聽了大半夜，他們只胡扯一些不切實際的空話，聽得劉氏哈欠連連。次日謝安問她昨天客人怎麼樣，劉氏為了顧面子，委婉說：「我哥家中從來沒有這樣的客人。」劉氏之兄劉惔，當時名士。謝安聽出弦外之音，一臉尷尬。

5、山巨源妻

山濤對妻子韓氏說：「我的知心朋友只有嵇康與阮籍這兩個人。」韓氏覺得好奇，想暗中觀察一下。一日，嵇康、阮籍來看望山濤。晚上，韓氏從牆洞裡看他們三人飲酒暢談，直到次日早晨都忘了離去。山濤見老婆看了一個晚上，問她覺得他們怎麼樣？韓氏說：「你的才能比不上他們兩人。要好好地向人家學習。」山濤說：「他們也認為我的為人、才能，值得他們學習。」

6、陶母拒魚

陶侃年輕時作魚梁吏，有一次派人為母親送去一罐鹹魚。母親把醃魚封好原封不動退了回來，還寫了封信責罵兒子說：「你作官，把公家的東西送給我，這樣不但對我不好，反而更讓我替你擔驚受怕。」看來一個公務員的廉潔程度跟他的家庭有很大關係。

7、替翁求情

庾友在哥哥庾希被桓溫誅殺後，害怕受到牽連，怕得要死。他的兒媳是桓溫的姪女，她光著腳跑到桓溫家想要進去。警衛不讓她進去。她便喝道：「你是哪裡的小人！我伯父家的門都不讓我進去嗎！」衝進去哭著懇求桓溫：「我公公的腳只有三寸長，走路都要有人攙扶，誰會相信他要造反！」桓溫笑道：「我姪女婿真是太急了。」就赦免了庾友一家。

8、美女鑑定師

晉朝首富石崇富甲天下，珠玉滿堂金做瓦，但收藏品多了，也有煩惱的時候，因為他雖然有錢，但鑑寶難免走眼。花冤枉錢是小事，傳出去讓人取笑那才是大事。剛好石崇府裡有一個外國美女翾鳳，她實際出身已不可考，十歲就被石崇買下。長大後不但長得楚楚動人，而且還是個玉器鑑定師。凡是她看過的東西，從來沒有假貨。就連當時京城鑑定圈的權威人士都不得不對她刮目相看。

神童　第八

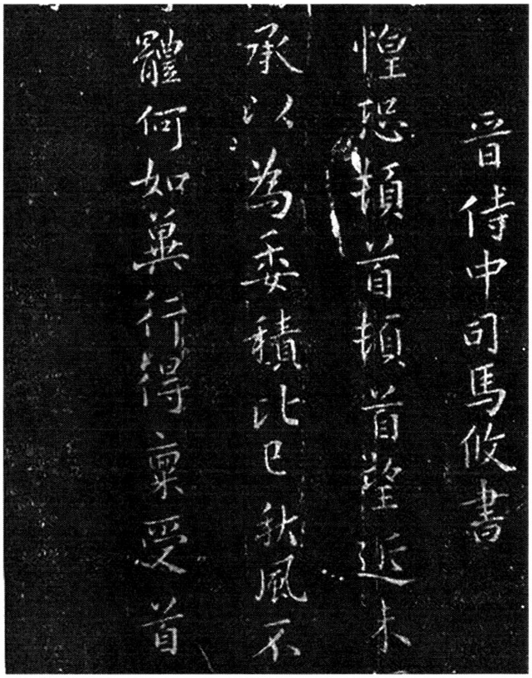

晉 司馬攸〈望近帖〉

有些人在兒童時期就表現出超乎常人的聰慧，這些幼而敏慧、少而老成的小朋友們令人刮目相看，被稱為神童。

1、傻父智兒

白痴司馬衷卻生了一個聰明兒子司馬遹，有一次皇宮半夜失火，司馬炎登樓觀望，司馬遹當時才五歲，在一旁拉著爺爺的衣帶拉入暗中。司馬炎覺得奇怪，司馬遹說：「暮夜蒼茫，應嚴加提防，不應讓旁人看見皇帝在光亮中。」武帝為他聰慧感到驚奇，曾撫著他的背對大臣說：「我家就看這孩子了。」在朝會上對群臣表示司馬遹與先祖司馬懿相似，所謂「看孫不看子」，以後改換司馬衷太子一事沒人再提。

2、王戎猜李

王戎小時候就非常聰明，有一次和一群好朋友出去玩，大家看見路邊有一棵李樹，樹上結滿李子，便都爭相爬樹去摘李子，唯有王戎不為所動，大家都感到納悶。有人問他為何不來摘李子，他說樹在路邊，結滿果實卻沒人動，一定苦得沒辦法吃。大家都不相信，爬到樹上摘下來一嚐，果然是苦的。

3、孰遠孰近

晉明帝年幼時坐在元帝膝上玩耍，剛好有人從長安來，匯報相關情況。聽完元帝唏噓流淚，並對明帝訴述了晉朝南渡的往事，藉機想逗他一下：「你覺得太陽和長安哪個較近？」明帝說：「太陽遠，沒聽過有人從太陽那邊來。」次日，在朝堂宴請群臣，又重複問，明帝回答說：「太陽近，因為一抬頭就看見太陽，卻看不見長安。」明帝兩句話充滿哲理，發人深思，真不簡單。

4、王戎觀虎

王戎六、七歲時，去廣場遊玩。魏明帝把拔掉爪牙的老虎讓大家參觀，或許圍觀的人太多，引起老虎發怒，一聲長嘯，人們嚇得紛紛逃竄，唯有王戎站在那裡鎮定自如，沒有絲毫慌亂。站在樓上的魏明帝為小小年紀的王戎之膽識感到驚訝。

5、右軍假寐

王羲之幼年時期，深得王敦疼愛，常讓他留宿。有一次王敦早起，王羲之年幼還在賴床。這時錢鳳來和王敦商量叛亂的事情，王羲之剛好醒來聽到，想著要是讓他們知道自己聽見了，一定沒命了，於是假裝熟睡，吐得鼻涕口水滿臉，假裝熟睡。錢鳳和王敦兩人商量了半天，突然想起王羲之還在後床睡覺，害怕事情敗露，有了殺心，結果看見他酣睡的模樣，便放心了，王羲之逃過了一劫。

6、絕妙對答

晉朝時，有個叫楊修的男孩，才九歲，非常聰明、慧穎。有一次，孔君平到楊家來找楊修的父親。剛好楊父外出，楊修代替父親設宴招待。餐桌上有一盤鮮楊梅。孔君平想故意刁難一下，指著桌上的楊梅問楊修：「這楊梅難道是你楊家的果嗎？」楊修應聲回答說：「我也沒聽說過孔雀就是您孔家的家禽啊！」

7、小舅復欲

庾亮之弟庾懌送毒酒給江州刺史王允之，王允之心有疑慮，便先拿狗來試驗，那狗喝完立即倒地死去。王允之驚魂未定，趕快報告小皇帝司馬衍。司馬衍聽後氣憤地說：「大舅（指庾亮）已亂天下，小舅也要學著來嗎？」庾懌被外甥皇帝斥責後，嚇得不輕，不久便自殺身亡。

八卦　第九

雞零狗碎、流言蜚語和花邊新聞是任何時代都存在的，晉朝也不例外，且看晉朝八卦新聞。

1、王家狠婦

王導老婆是個超級醋罈子，得知老公在外面買豪宅包養情婦，手持菜刀找情婦拚命。王導忙駕牛車去追，牛車走得慢，便拿拂塵不停地戳牛屁股。這件八卦新聞上了建康新聞頭條，蔡謨來看王導說：「朝廷想賞賜你九錫（天子賜給大臣有殊勛者的車馬等九種器用之物）。」王導不知情，謙讓自己無功無德，承受不起。蔡謨說：「就憑你乘牛車，用長柄拂塵戳牛屁股，這件事就足夠賞賜了。」王導聽後，羞愧無比。

2、桓沖厭新

與大多數人喜新厭舊相反，桓沖有個怪毛病，生性散漫，不喜歡穿新衣服。桓沖妻子看在眼裡急在心上，老公好歹在社會上是個有頭有臉的人物，每天穿著破舊衣服出席公務場合，實在為自己形象減分。於是趁他洗過澡後，妻子特意送了新衣服讓他換。桓沖很生氣，急忙讓人拿走。妻子撒嬌說：「衣服不經過新的，又怎麼會變成舊的呢？不穿新衣服，以後不就沒舊衣服穿了嘛。」 桓沖被逗樂了，便穿上了新衣服。

3、鞋子收藏愛好者

阮遙是個木屐收藏愛好者，家裡收藏了各種款式、產自各地的木屐。有人去他家參觀他的收藏品，只見滿屋琳瑯滿目的木屐，阮遙正在吹火為木屐塗蠟，感嘆地說：「不知道這一輩子能穿幾雙木屐！」

4、妒婦郭槐

賈充老婆郭槐奇妒，見不得老公跟任何女人接觸。長子賈黎民三歲時，乳母抱於懷中，賈充走近逗孩子玩。郭槐以為賈充與乳母有染，奪過孩子，將乳母當著孩子的面打死。孩子眼見乳母被打死，受驚嚇而死。後來，同樣事情又重演，賈充撫摸乳母懷抱中的一歲多次子（大概忘了老大是怎麼死的）。乳母又被郭槐打死，孩子也受驚死去。嫉妒心害死人啊，而且是老幼四條命。

晉武帝

5、如此懼內

祖約是祖逖同父同母的親弟弟，正所謂龍生九種各個不同，與豪情干雲的兄長一比，根本天壤之別，他怕老婆怕得要死。他老婆也是超級凶狠的女人，有一次他偷偷在外面小妾那想尋得片刻溫柔，沒想到他家母老虎派人來追殺他。嚇得他次日上奏朝廷要求外調，不敢留在京城，官職調動不是那麼隨便的，元帝不准，祖約竟然一溜煙逃走了。可見他眼裡老婆比朝廷法度可怕多了。

6、鼠輩將軍

將帥是軍中之魂，一支軍隊的戰鬥意志在一定程度上取決於主將的膽識魄力。如果遇上一個膽小如鼠的將軍，軍隊想不吃敗仗都難，蘇峻叛亂後，劍鋒直指建康，京城上下一片慌亂。

朝廷命左將軍司馬流駐守慈湖禦敵。司馬流膽小如鼠，怯懦怕死。蘇峻叛軍前來攻打的時候，正好他在吃飯，當時嚇得連嘴在哪裡都找不到了（「將戰，炙不知口處」）。蘇峻毫不費力攻破防守，司馬流死於亂軍。

7、兩軍對哭

苻登軍中缺糧，與姚萇對峙日久，無法堅持下去。便命令數萬大軍圍著姚萇軍營大放悲聲，哭得天地失色、日月無光，想藉此瓦解敵人的鬥志。果然幽怨悲切的哭聲傳到姚萇軍中，感染了士兵們的情緒，大家都滿臉愁雲。這樣下去還得了。於是姚萇也命令自己軍隊對著敵人嚎啕大哭，於是出現了滑稽的一幕，數萬大軍在戰場上不是拚刀槍，而是爭著比賽看誰哭得嗓門最大。

8、同志反目

慕容沖長得異常俊俏，內心陰狠毒辣，前燕滅亡，他和姐姐清河公主一起被苻堅納入後宮，他做了苻堅孌童。由於王猛極力反對，苻堅戀戀不捨讓自己的同志友人慕容沖到外地做刺史。後來淝水戰敗，慕容沖趁勢叛亂。苻堅派人幫慕容沖送去一件錦袍，想喚起他念在昔日同志情，能夠罷兵。奈何慕容沖心中江山遠比同志情重要，不為所動。苻堅心中又恨又痛，幾乎要吐血。

9、亂點鴛鴦譜

王衍有一對女兒，長女尤其漂亮，賈后打算把她許配給太子司馬遹。眼看就要下聘禮過門，司馬遹滿心期待著洞房花燭。沒想到半路殺出個程咬金，賈謐聽說王家妹妹驚為天人，也要娶她。賈后一打得算，覺得還是外甥親，反正司馬遹又不是親生的。便把王家大小姐送到賈謐府上，做了外甥妻子。把王家么妹強塞給太子做太子妃。司馬遹心裡十分憤怒，你這個賈謐，竟然跟堂堂儲君搶老婆。但生氣歸生氣，沒有絲毫辦法。

10、蛤蟆吃天鵝

孫秀幫助趙王司馬倫篡位後，飛揚跋扈，雞犬升天。孫秀的兒子孫會，二十歲便任命為射聲校尉，強娶惠帝女兒河東公主。當時公主母喪還不到一年，照理守孝不能婚嫁，孫秀強行下聘禮。孫會是典型的又醜又矮，走在大街上是有礙觀瞻的那類，一看就是土包子一個。孫秀沒發跡前，孫會跟著一個有錢的帥哥一起買賣馬匹，忽然聽說他娶了公主，大家都驚訝不已，看來癩蛤蟆吃天鵝肉這種事在特定條件下也會發生。

勵志　第十

勵志故事讓你脆弱的內心變得強大，激發你的潛力，只要你努力，你的生命將不再單調乏力，你同樣獲得尊嚴和自信，「聞雞起舞」、「擊楫中流」這些歷史上真實發生的故事一定會讓你熱血沸騰。

1、聞雞起舞

祖逖字士雅 ，河北范陽迺縣人，劉琨，字越石，中山魏昌人。早年他們一起擔任司州主簿，感情深厚，常常同床而臥，夢想建功立業，成為國家的棟梁之才。某天夜半，祖逖聽到雞鳴聲，便踢醒劉琨，劉琨說：「半夜聽見雞叫不吉利。」祖逖說：「管他呢，我們乾脆以後聽見雞叫就起床練劍如何？」劉琨欣然同意。此後他們每天雞叫後就起床練劍。後來祖逖被封為鎮西將軍，實現了他報效國家的願望；劉琨做了征北中郎將，兼管并、冀、幽三州的軍事，也充分發揮他的文才武略。PS 只有不斷努力，就會獲得成功。

2、擊楫中流

祖逖一想到晉朝北方淪陷區有無數同胞處於異族鐵蹄之下，便非常痛心，決心要收復失地。後來祖逖帶領部下一千多人渡江北上。戰船來到波濤滾滾的大江中流，回望江南，將士們心潮起伏，祖逖神情莊重地站立船頭，手敲船槳，向眾人發誓說：「祖逖此去，若不能平定中原，驅逐敵寇，則如這濤濤江水，一去不返！」祖逖的錚錚誓言鼓舞將士們，大家紛紛表示要殺敵報國。祖逖率軍渡江之後，一連打了幾個勝仗，收復了不少城池。PS 戰前動員的力量不可小覷啊。

哭竹生筍

3、陶侃惜時

陶侃字士行，廬江尋陽人。早年在廣州時，陶侃每天早晨把一百塊磚到房外，黃昏再把磚運回屋裡。旁人不解問其故，他解釋說：「現在是努力收復中原，過於悠閒，會讓自己懈怠，我透過身體勞苦在不斷提醒自己。」說著感嘆道：「聖人尚且惜時；像我們這些平凡人更應該爭分奪秒，如果把時間浪費在吃喝玩樂上，就算你死了，也沒人記起你是誰。」

4、榜樣力量

太傅王越，東海人。他在留守許昌期間，任用王安期為記室參軍，非常器重他。王越在家庭聚會上對兒子王昆說：「書上得來終覺淺，從王安期身上你會學到在書本中學不到的許多東西。你平常學習禮儀風度，不如親眼觀看王安期的舉止形儀；你誦讀玩味前人寫在書上的道理，不及親耳聆聽王安期講的那些宏論。王安期參軍，堪稱做人的表率啊。」

5、向你學習

庾亮見到王敦後，問：「聽說你有四位摯友，他們是誰呀？」王敦回答說：「有你家的中郎、我家的太尉、阿平，還有胡毋彥國。我家阿平是其中最差的一個。」庾亮說：「你家的阿平不一定差。你這四位朋友，誰的人品、才華最好？」王敦回答說：「當然有人啦！」庾亮問：「誰呀？」王敦說：「唉！我們都追隨著你，以你作為立身處世的榜樣啊！」庾亮不問了。

6、孫康映雪

晉人孫康由於家貧沒錢買燈油，晚上不能看書，他常覺得讀書時間不夠。一個冬夜，他夢中醒來，發現窗縫裡透進一絲光亮。原來外面下雪了，是雪光對映。他睡意頓失，立即穿衣取書，走到院外。大地上映出的雪光，比屋裡要亮多了。孫康不顧寒冷，立即藉著雪光看起書來。孫康好學可嘉，只是長期這樣對視力不好。

7、車胤囊螢

車胤，字武子，南平人，因家中貧寒，晚上看書沒錢點燈。某天夏夜，他坐在院中背書，夜空中閃爍著好多螢火蟲，心中靈機一動，抓來一些螢火蟲，裝在白絹袋裡，螢光就照射出來。車胤藉著微弱螢火之光，夜以繼日地苦讀。後來車胤成為飽學之士，做過吳興太守、輔國將軍、戶部尚書等官職。

8、右軍墨池

王羲之學習書法很刻苦，每天寫完字，便到家門口的水池去洗毛筆，日子久了，池塘的水都染黑了，最終成為一代書法大師，被後世尊為書聖。任何成就都是勤學苦練來的，沒有捷徑可走。

9、奴隸皇帝

石勒字世龍，羯族，上黨武鄉（山西榆社）出生。家裡很窮，身為貧窮人家，很小就出去替地主工作，有時候他總是覺得耳邊有金戈鐵馬聲，他媽媽覺得孩子累過頭，出現幻覺了，沒當一回事。十四歲時，石勒身為販夫到了洛陽，第一次見帝京，他興奮地尖叫，剛好清談大師王衍路過，認定這孩子具有撼動天下的無窮能量。後來石勒還被賣為奴隸，但經過數十年的打拚，他成了後趙的開國皇帝。

10、萬里遷徙

遼東鮮卑慕容部領袖涉歸死後，他的家業由嫡子慕容廆繼承，庶長子吐谷渾分了一千七百戶為部曲自己過活。有一年春天，雙方的馬匹在草場撕咬，加上有人從中搗亂。慕容廆派人傳話給吐谷渾，我們兩家現在已經分開過，你為什麼就不能離得遠一點。吐谷渾聽後也生氣了，馬是畜生，牠們好鬥是本性，怎麼遷怒到人身上。你看我這個大哥厭煩了是吧，那我走得遠遠地。於是舉族遠遷，經過萬里跋山涉水，來到青海東部，開創了另外一片天地。有時候與其在一個鍋子裡爭食，不如換個環境。

清談　十一

魏晉時期士大夫崇尚老莊，空談玄理：說白了就是社會名流不切實務故作高雅的辯論賽，於事無補，故後世有清談誤國之譏。

1、口水塗改液

王衍才華橫溢，容貌俊雅，常拿自己和子貢比，擁有大量粉絲。他擅長玄理，專以談論《老子》、《莊子》為事。辯論時如果覺得說漏了嘴，就馬上更改，當時人們用一種叫雌黃的墨跡塗改液，因此大家每次見他隨口亂說，便戲謔他嘴中含著塗改液，稱他為「口中雌黃」。王衍擔任要職，是很多年輕人的偶像，他崇尚浮華放誕，被人們推為趨勢，誤導了不少人。

2、沒有長進

支遁和尚從會稽來京城建康，入駐東安寺，王濛聽說自己的偶像來了，便去與其清談，想交流一下心得，說不定能擦出一點理念的火花，他說了半天，自以為說得頭頭是道，沒想到支遁聽後慢吞吞地說：「沒見你這麼多年了，沒想到您對玄學的見解一點也沒有長進。」王濛聽完深受打擊，灰溜溜回家了。這老和尚也是，說話總是咄咄逼人，一點面子也不給。

3、慨今撫昔

丞相王導南渡以後，有一次說起從前在洛水邊，經常和裴頠、阮瞻這些清談界的重量級人物們一起談玄論道的事，感慨不已。羊曼在一旁以為他在賣弄自己，便說：「 人們一直就這件事稱讚你，何必老掛在嘴上？」 王導說：「也不是說我要提這些事，只是這些美好的回憶不能再現了啊！」王導是在為沒有清談對手感到寂寞，羊曼也太不解風情了。

情感　十二

夫妻恩愛，家長裡短，柴米油鹽醬醋茶，孰料第三者插足，意外起風波。門第落差，造成多少痴男怨女，世間情感之事，誰能說得清呢。

1、公主當第三者

王獻之夫妻恩愛無比，沒想到第三者強行插足，此女剛離婚，就想拆散人家恩愛夫妻，換成別人也就算了，但人家是孝武帝的妹妹新安公主，王獻之惹不起，沒辦法，只有自殘，用艾草燒傷自己的腳，沒想到公主放話說：「就算你是跛腳，我也要嫁給你。」王氏夫婦被棒打鴛鴦，無奈只有離婚，娶了公主。第三者可恨，有背景的第三者更可怕！

2、卿卿我我

王戎夫婦感情甚篤，老婆常稱王戎為「卿」。古人按照禮數，是丈夫稱老婆為卿，所以王戎對老婆這一反常稱呼很不滿意，對她說：「妳一個女人家家，總是叫自己的老公為卿，多沒禮貌呀，不合乎禮數，妳以後不准再這樣叫了。」老婆嬌嗔道：「親你愛你，才叫你卿；我不叫你卿，誰叫你卿？」王戎沒辦法只有任由她了。

3、只為門第

周浚任安東將軍時，某次外出打獵到汝南一戶姓李的家裡避雨。剛好男人不在家。李家小姐絡秀，準備飯菜，樣樣都做得很精緻。周浚見她相貌不同尋常，想娶她為妾。絡秀對父兄說：「 家道衰落，如果能和貴族聯姻，何必在意一個女兒？」她後來生了周顗兄弟，對兒子們說：「

我屈身作妾，是為了門第。你們不和我們家打好關係，我也就不想再活了！」兒子們都聽她的話。李家獲得體面的禮遇。

劉裕像

4、失敗婚姻

謝道韞和王凝之的婚姻，在世人眼中應該是神仙眷侶，門當戶對。可身為當事人謝小姐卻很不滿意，回家後就對叔父謝安大吐苦水：「我叔父裡，有阿大（謝尚）、中郎（謝萬）；同輩兄弟裡也有封、胡、遏、末這樣才俊。可是真的沒想到，天地之大，竟然讓我遇上王凝之這種人。」

5、我見猶憐

桓溫滅了西蜀的李氏政權，順便將成漢皇帝李勢小公主納為小妾，害怕老婆南康長公主的河東獅吼，玩起金屋藏嬌。紙包不住火，不久就被老婆發現他包養情婦的事實。她怒氣沖沖抄起一把大鋼刀，帶領操著傢伙的侍婢，殺了過來。李氏正巧在梳頭。只見長髮如瀑，冰清玉潔，她平靜地說：「妾國破家亡，才無奈流落到此。今日若能一死，也算合了心意。」南康長公主懾於她的美貌，竟下不了手。

6、氣度逼人

賈充前妻李氏，父親李豐被殺後，她被迫和賈充離婚，流放邊疆。後遇赦回來時，賈充已娶郭槐。李氏別住，不肯回賈充家裡。郭槐想去看李氏。賈充說：「 她個性剛烈，有才氣，你就別去惹事了。」郭槐不聽，盛裝打扮，帶很多婢女去炫耀。進李氏院門，李氏起身迎接她，郭槐瞬間被她氣度震懾，雙腿不由得打顫，隨即跪下，拜了兩拜。回家後，將經過告訴賈充。賈充說：「 我跟妳說什麼了？丟臉丟大了吧。」

7、不可與婚

王濟想替妹妹覓佳婿，有一個兵家子弟，才華出眾，便徵求母親意見，老太太讓他帶來觀察一下。王濟讓他和一群正常人混在一起，老太太在幃帳裡觀察他後說：「他才智的確超凡，不過地位卑下，活不長，這樣不能施展他全部才華。看他的外貌骨相，一定不會長壽，所以不能和他結婚。」王濟聽從了母親的意見。那個兵家子弟果然幾年後就死了。

8、王湛求婚

王湛小時候沒有訂婚，他自己提出要娶郝普的女兒。家人就順了他的意思。結婚後，妻子果然美麗賢惠，生了王承，成為王家母親的典範。有人問他：「你是怎麼了解她的？」 汝南回答：「我曾看見她在井上打水，舉止儀態不失規矩，也不左顧右盼，透過這個了解她的。」

9、短幕歌舞

謝安喜歡看歌妓跳舞，謝夫人心裡很不爽，每次老公看歌舞，就讓人用帷帳把歌妓圍起來，每當謝安看得正開心，她就命令落幕。謝安說：「親愛的，讓我再看一下好嗎？」謝夫人沒好氣的說：「不行，看多了對你德行不好。」看你眼珠子快跳出來，再看下去還得了。

10、虧待娘家

王羲之一家對謝安他們非常殷勤，而對夫人郗氏娘家人很冷淡，這讓她感到寒心，便對她的兩個弟弟郗愔、郗曇說：「王家見了謝安、謝萬兩人來了，翻箱倒櫃，盛情招待；見到你們來了，非常平淡。你們以後不要再來了。」

11、相濡以沫

山濤做官之前，家徒四壁。妻子韓氏默默地承擔起家庭重擔，山濤看在眼裡，不捨在心上，憐惜地對她說：「親愛的，現在的飢寒妳暫且忍一忍，我日後一定位列三公，就怕屆時娘子妳是否會來做夫人哩。」山濤的話語溫暖而俏皮，這樣一位既有遠大志向又有生活情趣的男人，韓氏怎麼能不愛。可見一個成功男人的背後必定有一個奉獻的女人，這話絕對有道理。

12、生兒如此

王渾和老婆鍾氏一起坐著聊天，這時看見他的兒子王濟從院子走過，王渾心滿意足地對老婆子說：「我們生了這樣一個兒子，也該知足了。」他老婆白了他一眼，笑著說：「如果我能嫁給你弟弟王淪，那生的兒子可就遠不止這樣了。」天啊，王太太也太前衛了，公開說老公種子不優良，表示對小叔子的愛慕之意。

13、溫嶠騙婚

溫嶠喪偶，堂姑劉氏有個漂亮聰慧女兒，劉氏囑託溫嶠找門親事。溫嶠不想肥水外流，答說：「好女婿不易找，像我這樣的，怎麼樣？」堂姑說：「哪敢奢望像你的人呢？」沒幾天，溫嶠說已經找到合適人家，送了一座玉鏡臺作為聘禮。劉氏十分高興。洞房的時候，新娘用手掀開紗巾，對溫嶠笑說：「我本來就猜到你這個老傢伙，果然不出所料。」

譏諷　十三

或借事說事，或反脣相譏，或旁敲側擊，或直指要害，晉人的嘴皮果然不得了。

1、借鬼說事

羅友家裡窮，到大司馬桓溫手下混飯吃。桓溫賞識他才學，但認為他生性放誕不受管束，不適合做管理階層，便把他閒置在旁。後來，桓溫設宴幫一位任命為郡守幕僚餞行，羅友遲到，便問原因。羅友答道：「我昨天路上遇一鬼，他嘲笑我說：『只看到你送人出任郡守，怎麼沒看到別人送你出任郡守呢？』聽後感到羞愧，回來後因想這件事而錯過了赴宴時間。」桓溫聽出弦外之音，便任命他為襄陽太守。

2、順序之爭

諸葛恢與丞相王導，兩人因為族姓排列的先後順序而發生爭吵。王導說：「為什麼不可以稱葛王，而非得稱王葛呢？」諸葛恢回答說：「就好比稱驢馬吧，這樣稱呼的意思難道是說驢子就勝過馬了嗎？」

3、身價幾何

東晉光祿大夫祖納少年時非常孝順，經常親自為母親燒柴做飯。王平聽說他的事蹟後，就送給他二名女僕，之後推薦他擔任官職。有人戲謔祖納說：「你身價比婢女高一倍呀！（意思你就值兩個奴婢的價格）」祖納回答說：「百里奚難道就比五張公羊皮還賤嗎。」（按：秦穆公聽說百里奚賢能，用五隻公羊皮從楚人那裡將他贖出來，委以國政。）

明 藍瑛〈茅亭話舊圖〉

4、蠻語何用

郝隆字佐治，被桓溫授予南蠻參軍。他作詩一首，其中一句是「娵隅躍清池」。桓溫聽後問：「娵隅是什麼東西？」郝隆回答說：「南蠻人把魚叫娵隅。」桓溫問：「你學蠻語有什麼用？」郝隆回答說：「我千里迢迢地來投奔大司馬您，才得到一個蠻府參軍的官職，學會蠻語好開始工作啊。」 詼諧表達了對桓溫不重視自己的不滿。

5、一物兩名

謝安立志在東山隱居。後來朝廷迫於朝廷命令，出山做桓溫的司馬。有人送給桓溫一味叫遠志的草藥。桓溫問謝安：「這味藥又叫小草。為何一種東西有兩個名稱呢？」謝安還沒有來得及對答。旁邊郝隆馬上答道：「在山裡時就叫遠志，出了山就是小草。」謝安聽出郝隆諷刺他不能始終如一，滿臉羞愧。

6、耶耶乎文哉

王絢，是王彧的兒子。年僅六歲，外祖父何尚之，非常賞識他的聰慧異稟，教他讀《論語》。讀到「郁郁乎文哉」一句時，「郁」、「彧」同音，需要避諱，何尚故意戲謔地說：「這句可以讀成『耶耶乎文哉』。」（蜀人稱呼父為耶。）王絢回答說：「長輩的稱呼，怎麼可以隨便戲謔呢？『草上之風必偃』也可以讀成『草翁之風必舅』嗎？」（翁，指王絢的外祖父；偃，原來何尚之的兒子 —— 王絢的舅舅名「偃」。）

7、姓名玩笑

晉代時，一個叫陸士龍的，一個叫荀鳴鶴的，互不相識。某次，在張茂先家聚會。張茂先叫他們一人一句互相接話，看誰更有才華，但話要少而精。陸士龍先說：「雲間陸士龍。」荀鳴鶴說：「日下荀鳴鶴。」陸士龍說：「既然是晴天，看見了一隻白山雞，為什麼不張開你的弓，放出你的箭？」荀鳴鶴道：「本來說是條粗壯的巨龍，其實不過是隻山鹿野麋，獸太小而弓太強，所以箭發遲了。」張茂先聽後拍手大笑。

8、縴夫問答

劉道真名寶，字道真，高平郡人，早年遭遇變亂，便到河邊去替人家做縴夫，見一婦女也在搖櫓，他一時興起嘲諷說：「女人怎麼不在家紡紗織布，為什麼到河上來搖櫓？」女人答道：「你是大丈夫，怎麼不去騎馬揮鞭，為什麼來到河上拉船？」劉道真一時語塞，差點栽到河裡。

9、兩豬同槽

劉道真混得很差的時候，草房中與人共用一個盤子在吃飯，看見一個身穿黑衣的女人帶著兩個孩子從門前走過，他便嘲諷人家道：「一隻黑母羊帶著兩隻小羊。」 那女人馬上回敬說：「兩頭豬在一個槽裡吃食。」劉道真一口飯差點沒把自己噎死。

10、神錐神槌

祖士言與鍾雅兩人相嘲諷，鍾雅說：「我是汝穎（今屬河南）人，為人銳利就像錐子；你乃燕代（河北山西一帶）的人，笨得就像棒槌。」祖士言說：「那就用我的棒槌，砸爛你這個利錐。」鍾雅說：「我是神錐，你打不到。」祖士言說：「既然有神錐，也就有神槌。」鍾雅覺得說不過，投降認輸。

11、敗人興致

嵇康、阮籍、山濤、劉伶在竹林下舉辦私家酒會，大家正喝得興致高昂的時候，王戎才姍姍來遲。阮籍開玩笑說：「這傢伙又來掃我們的興！」王戎笑著說：「你們這些人的興致，換成正常人是敗壞不了的，所以只有我來做？」

12、爾汝歌

晉武帝司馬炎某日在宮廷請吳國亡國之君孫皓喝酒，想趁機取笑一下他，邊說：「聽說你們南方人喜歡做〈爾汝歌〉（一種民間小調，每句含「爾」或「汝」二字），你會嗎？」孫皓馬上回答說：「從前當你（汝）鄰居，現在當你（汝）臣子，現在敬你（汝）一杯酒，祝你萬壽無疆。」本來想取笑，沒想到反被取笑，司馬炎只有訕笑了。

13、尺布斗粟

王濟是司馬炎女婿，也是一塊茅坑石頭，誰都敢頂撞。司馬炎教訓他一下，便找了一個藉口把他的官職撤了。把他從上到下罵得體無完膚，最後問他你慚愧嗎？沒想到他馬上回答：「『尺布』、『斗粟』之謠，常為陛下愧之。他人能令親者疏，臣不能令親者親，以此愧陛下耳。」這幾句話指的是王濟當初勸老丈人不要逼弟弟司馬攸太過火，他不聽，結果司馬攸被強趕出京城死在路上。幾句話，全擊中了司馬炎的痛處，臉紅的說不出話來。

14、飲食偏差

太尉陸玩去拜訪丞相王導，王導是北方人，便拿出起司給他吃。陸玩是南方人，吃不慣起司、回家上吐下瀉，一下子病倒了。第二天寫信給王導說：「昨天在你家起司稍微吃多了點，整個晚上都難受得要命。我雖然是吳人，卻差一點當了北方鬼。」

15、次序之爭

王坦之、范啟一起受到簡文帝的邀請，范啟年長官微，王坦之年幼而位重。進宮的時候兩人相互推讓，讓來讓去，王坦之最終落在范啟的後面。王坦之於是對范啟說：「順風播揚穀物，糠秕總是飄在前面。」范啟說：「用水淘汰雜質，沙礫總是落在後面。」

16、入幕之賓

桓溫非常信任郗超，視為心腹。有次他召謝安、王坦之兩人談事，想讓郗超也順便聽聽，便讓他躲在房內幕後偷聽。三人正在談話中，碰巧吹來一陣風，掀起幕布，謝安看見了郗超身影，便開玩笑說道：「想不到你屋裡還有鑽到布幕後面的客人啊。」

17、錢能通天

賈后專權後，官場烏煙瘴氣，賄賂公然進行。南陽人魯褒作了一篇〈錢神論〉譏諷說：「錢的形象，像天地一樣有圓有方，人們親它愛它如同兄弟，尊稱它叫孔方。沒有美德而倍受尊崇，沒有權勢而炙手可熱，出入宮廷高門，可以轉危為安，起死復生，變尊貴為卑賤，置活人於死地。所以憤怒爭執時沒有錢就不能取勝，冤屈困厄時沒有錢就不能得救，冤家仇敵沒有錢就不能解怨釋仇，美好的聲譽沒有錢就不能傳播。」

政變　十四

兩晉之際，政局詭祕變幻，城頭變幻大王旗，你方唱罷我登場，你在朝堂笑，我自暗中磨刀霍霍，冠冕落地，血濺華服，空留黃土一抔，留待後人說。

明 藍瑛〈秋山圖〉

1、楊駿專權

晉武帝沉迷酒色，掏空了身體，眼看來日無多。他也知道自己的笨兒子有幾斤幾兩，便想讓汝南王司馬亮輔政。但此時朝廷內外已經被楊駿掌握。武帝臨崩前，又有片刻的清醒，掙扎著問：「汝南王來了嗎？」左右侍從說沒有，晉武帝聞言又驚又急，一下子昏了過去，就再也沒有醒來。楊駿濫發委任狀，到處安插自己親信，開始專權妄為。

2、引狼入室

楊駿不怎麼待見殿中中郎孟觀、李肇，他們懷恨在心。賈后便指示宦官黃門董猛與孟觀、李肇謀劃除掉楊駿，廢黜楊太后。又派李肇告知汝南王司馬亮，讓他發兵討伐楊駿，司馬亮沒有答應。李肇告訴都督荊州諸軍事楚王司馬瑋，司馬瑋欣然同意，就請求入朝。楊駿平時就畏懼司馬瑋的勇猛強悍，想召他來又不敢，這次司馬瑋請求入朝，楊駿就同意了。誰也沒想到，此舉將使晉朝陷入萬劫不復之地。

3、楊駿之死

楊太后得知賈后發動政變，自己身處皇宮沒辦法出來，便把信寫在絹帛上，用箭射出城外，上面寫著「救太傅者有賞」。賈后就利用這件事宣稱，太后與楊駿一起謀反。放火燒楊駿的府第，弓弩手在樓閣上對著楊駿的府第放箭，楊駿的士兵們沒有辦法出來。楊駿逃到馬房，被人殺死在那裡。

4、無效保險

楊駿弟弟楊珧預料到楊駿會完蛋，曾經跟司馬炎說楊駿以後一定沒有好下場，並留下字據留在宗廟石櫃裡。說將來楊駿東窗事發不要牽連到我。楊珧以為這樣等於自己買了雙重保險，可以高枕無憂。後來賈南風發動政變，打倒楊駿後，本著除惡務盡原則，楊氏家族男女老幼全部逮捕，楊珧想起那張免死符，叫人去驗證。可惜賈南風是一個不遵守遊戲規則的人，楊珧照樣送上了斷頭臺，在刑場他又哭又鬧，害得劊子手無法開始工作，最後只好用刀劈開他的腦袋。

5、流放司馬繇

東安王司馬繇在扳倒楊駿的政變中自認為出了大力，沒想到結果替他人做了嫁衣。政變成功後，賈后和司馬亮摘了勝利果實，心有不甘，打算讓這個潑婦從皇宮挪位。可惜他砍人很在行，玩政治就外行了。他還沒行動，就到處亂放話，弄得賈南風整天心驚肉跳。而且這些話被他有積怨的老哥東武公司馬澹聽到風聲。司馬澹把握機會跑到司馬亮那裡，打老弟的小報告說：「司馬繇現在逮誰殺誰，您要當心了。」司馬亮馬上解除司馬繇職務，流放到遼東。司馬亮這件蠢事，讓賈后高興了好幾天沒睡。

6、轉換陣營

司馬亮擺平司馬繇以後，為了避免別人再染指他的權力。馬上把以前同一個戰壕的同袍楚王司馬瑋鎖定為下一個目標。他決定剝奪司馬瑋的軍權，讓裴楷替代。司馬瑋知道後，不斷放狠話，嚇得裴楷不敢去接班。一招不靈，司馬亮又決定讓司馬瑋離開京城，滾回自己封地去。利用完就想打發我走，沒那麼容易。司馬瑋硬是賴著不走。司馬瑋長史孫宏、舍人岐盛勸他這麼耗著也不是個辦法，山不轉路轉，不如我們轉換陣營，投靠賈后那邊，還怕司馬亮這老傢伙。司馬瑋從計，這下換司馬亮傻眼了。

7、卸磨殺驢

賈后借楚王司馬瑋之手除掉汝南王司馬亮和衛瓘後。太子少傅張華派董猛勸說賈后道：「楚王已經殺了司馬亮和衛瓘，已尾大不掉，應治司馬瑋專擅殺人的罪行。」賈皇后也想趁此機會除掉司馬瑋，張華稟告晉惠帝，派人拿著象徵皇帝的騶虞旗說：「楚王假傳聖旨，不要信他。」士兵都逃走了，司馬瑋變成孤軍奮戰，被捕處死。司馬瑋臨死前掏出懷裡青紙詔書，流淚給監刑尚書劉頌看，說：「我冤屈啊！」不早喊冤，臨死才喊冤，太晚了。

8、虐殺太子

司馬遹被廢黜後，知道廢太子沒有好下場，怕人在飯菜做手腳，自己親自下廚。賈后派去太監孫慮見無從下手，就斷他的食。侍從對太子很忠心，不時隔牆拋扔食物，司馬遹得以不死。孫慮索性拿出毒藥逼太子喝。太子不肯，孫慮也急了，凶相畢露，操起藥杵，一下子把太子敲得腦漿迸出。賈后聞知太子已死，還裝好人，假惺惺地請以王禮安葬太子。

9、廢黜賈南風

齊王司馬冏奉命逮捕賈南風，自稱「奉詔書收捕皇后」，賈南風久久沒緩過神來說：「詔書都從我手中發出，你奉的什麼詔？」齊王冏不再睬她，將她押著出了後殿。賈南風隱約看見惠帝的影子，便大喊：「陛下，您老婆被人家廢了，你就不管嗎？」笨皇帝保持著沉默，不理睬。賈南風只有氣急敗壞地罵道：「拴狗當拴頸，我反倒拴其尾，也是活該如此。只恨當年沒先殺了趙王、梁王這兩隻老狗，反被他們咬了一口。」

10、逼走司馬亮

司馬炎追悼會剛開完，大權在握的楊駿就開始排除異己，第一個開刀的就是宗室汝南王司馬亮。

下令正在修建陵墓的石鑒和張劭，先把手裡工作暫停，帶領工程兵捉拿司馬亮。工程兵修建工程在行，打仗可是外行，張劭是他外甥，行動積極，石鑒卻不怎麼用心。後來司馬亮也得知了，便問廷尉何勖該怎麼辦，何勖主張先下手為強，後下手遭殃。誰知司馬亮選擇了三十六計走為上策，捲起鋪蓋走人。跑到許昌躲起來。楊駿一看司馬亮識相走人了，也就放他一馬。

11、兩趙反目

劉曜稱帝後，把國號從漢改為趙，史稱「前趙」。石勒派王修為使朝賀。劉曜也投桃報李，準備封石勒為太宰，進爵趙王。此時有個叫曹平樂的小人，他以前曾是石勒手下，他對劉曜進讒言說石勒派使者名為朝賀，實為間諜來打探底細。劉曜聞言大怒，派人追殺王修。石勒得知後非常氣憤，我就給你幾分面子，誰稀罕你的冊封，於是自立為帝。國號為趙，為了區別史稱「後趙」

12、過把癮就死

東晉十六國時期，稱帝稱王的多如牛毛，但要說創下在位最短紀錄的要屬後趙將領劉顯了。劉顯被冉閔打敗後，祕密約降，並約定除掉後趙主石祗。回到襄國（後趙首都），利用匯報戰況的機會殺死石祗，然後索性稱王，過一次稱王的癮，但沒多久就被冉閔消滅，他的稱王就像一陣風，連點痕跡都沒留下。

13、桓溫廢立

桓溫枋頭兵敗後，朝野之間的威望直線下降，心裡很著急，想著如何能強勢回歸。他的高參郗超對桓溫的心情洞若觀火，他說：「明公現在若要立威，必須做件大事才能鎮得住那些對你不滿的人，就是行尹、霍之事。」桓溫心領神會，便密謀廢掉了皇帝司馬奕，另立新人司馬昱，上演了一齣不流血的政變，群臣一看桓溫皇帝都說換就換，再也不敢對他說三道四了。

14、桓玄篡位

元興二年（西元 403 年），遙遠的羅馬競技場停止了角鬥，而建康的宮廷鬥爭剛拉開帷幕。為了篡位，桓玄煞費苦心。先大造輿論，各地不斷有「祥瑞」湧現，預告將改朝換代。進行了貨幣改革，刑法復古等一番折騰後。十一月逼迫愚笨的晉安帝司馬德宗下詔「禪讓」。桓玄便築壇祭天，有模有樣的即皇帝位了。老桓家經桓溫桓玄兩代人不懈努力，終於實現了皇帝夢。桓溫被追為宣武皇帝 ，在宗廟享受起爛攤子。

15、敗跡畢現

桓玄繼位改元「建始」，有人提醒這是西晉叛亂分子趙王司馬倫篡位用過的年號，又改為「永始」，不過「永始」是王莽用過的。新朝一開始就籠罩著不詳氣氛。桓玄好歹也是受過教育的人，為何不提前查查歷史書。就在桓玄往建康皇宮途中遇大風，儀仗旗皆颭斷。桓玄登御座時，椅子或許不夠堅固而垮掉了，桓玄屁股著地。在場殷仲文反應快說：「陛下聖德深厚，地不能載也。」馬屁拍得桓玄渾身通暢。但大家私下開始碎念，不吉利啊。

16、探空氣球

劉裕想取代晉朝但難以開口，便召集滿朝文武在自己駐地壽陽開茶話會。酒席間，他說：「桓玄篡位，我重新振興晉室，幾年來南征北伐，平定四海，功德圓滿。現在年紀大了，恐怕物極必反，打算辭職到去京城養老，大家看怎麼樣。」眾人一時沒回過神來。唯有中書令傅亮反應快，了解這是試探大家，如此表功機會豈能錯過，一溜煙跑到建康開始策劃起禪讓大典來。

17、解脫了

晉恭帝即位起，就知道劉裕想篡位，這一天終於來臨的時候，他沒有悲傷，因為在世人看來晉朝早已覆滅了，就差一道手續、一個儀式而已。他只不過就是履行這個儀式而已，這麼多年來，他無時無刻不在陪伴笨皇帝哥哥提心吊膽，如今終於解脫了、釋然了，他內心甚至有點歡欣心情，告別帝王生涯，為晉朝畫上一個句號。人生最不幸就是生在帝王家，但是又有幾人不到最後能看透。

戰爭　十五

戰爭不是請客吃飯，不是描紅繡花，容不得絲毫的閒情雅致，戰機瞬息萬變，謀劃、統籌、膽識、策略，團隊理念一個都不能缺。

1、木屑浮江

武帝謀劃伐吳，下詔讓王濬修造戰艦。王濬造的連舫大船，方一百二十步，每艘可裝載二千多人。大船周邊以木柵為城，修城樓望臺，有四道門出入，船上可以來往馳馬。又在船頭畫上鳥首怪獸，防止江神作祟，船艦規模之大、數量之多，自古未有。王濬造船削下的碎木片浮滿江面，順流漂下。吳國建平太守吾彥拿些木片呈給孫皓，提醒晉有攻吳的打算，但孫皓當作耳邊風。

2、寒鐵沉江

太康元年（西元 280 年）正月，王濬從成都出發，率軍伐吳，情報得知，吳人在長江險灘要害之處以鐵鏈橫鎖江上，又做鐵錐長五公尺，暗置於江中，以阻止艦船。王濬就做了幾十個大木筏，每個長寬也都超過百步，命令水性好的士兵乘筏先行，鐵錐刺到筏上都被筏帶去。又做火炬，長二十五公尺，大數十圍，灌上麻油，放在船前，遇到鐵鎖，就點起火炬，將鐵鎖熔化燒斷，於是戰船通行無阻。

明 藍瑛〈松蘿晚翠圖〉

3、虛張聲勢

杜預派牙門（小軍官）周旨帶八百人的半夜渡過長江，橫渡成功後，周旨將晉軍旗幟插遍山野，四處縱火，製造一種晉軍的千軍萬馬已經渡過長江開始全面進攻的假象。吳國都督孫歆在長江前線防守敵人滲透，沒想到就在眼前硬是沒發現晉軍過江了。他寫信給江陵督伍延說晉軍貌似長翅膀飛過長江了。把敵人說得神乎其技，結果弄得伍延也緊張兮兮。

4、張喬詐降

王渾率領的晉軍一路所向披靡，眼看拿下建業指日可待。但吳主孫皓也不按牌理出牌，派丞相張悌在危機關頭不在家門口防守，卻帶領三萬大軍橫渡長江，到江北開闢第二戰場，打入晉軍後方，不得不說這是一步高招。張悌渡江後，王渾部下張喬部隊。張喬手下只有八千人，只有投降的份。張悌部下覺得張喬投降有點蹊蹺，建議殺掉這些俘虜。張悌堅持優待俘虜政策，果然等晉軍大部隊後援到來後，張喬立刻響應，張悌只有慘敗一條路了。

5、命喪亂軍

永嘉四年（西元 310 年），眼見洛陽城外狼煙四起，東海王司馬越戎服入朝，請討石勒，想趁此擁大兵立功以自固。他率四萬精軍出發後，沿路飛檄各州郡徵兵，但沒人響應。憂懼勞頓，又得悉懷帝密詔劃除自己，急怒攻心，兵至項城（今河南沈丘），忽發暴疾，死於當地。

6、晉陽易手

劉聰派劉曜、劉粲等人進攻晉陽劉琨，由於內鬨，晉陽失陷。劉琨與十多騎人馬逃出，劉琨與鮮卑領袖拓跋猗盧關係良好，劉琨向他求救。拓跋猗盧派兵六萬來增援，劉曜大敗，身中六箭，幾乎喪命。劉曜與劉粲裹挾城中百姓，翻越蒙山逃遁。拓跋猗盧親自率騎兵追趕，在藍谷又大敗劉粲軍。劉琨算是撿了一條命，收拾舊部，安定下來。

7、策略失策

前趙太子劉熙與南陽王劉胤得知皇帝劉曜被後趙石勒俘虜處死後，嚇破了膽。一心想棄守長安，尚書胡勳因反對撤離首都，以動搖軍心罪名被斬。然後一路狂奔到上邽（今甘肅天水）。石勒兵不血刃拿下長安。沒多久劉胤又後悔貿然撤出長安，率兵反擊。石勒派石虎迎敵，結果劉胤大敗被俘，前趙王公五千多人被俘，押往洛陽，集體活埋，前趙共歷三帝（劉淵、劉聰、劉曜），共二十七年。

8、以進為退

石勒因天降大雨，困於葛陂，軍中好多士卒水土不服，瘟疫流行，讓他進退失據，左右為難。

右長史刁膺勸他向琅琊王司馬睿歸降，然後再作打算。謀士張賓說：「如今之計，不如撤退，晉軍沒膽量追擊我們，我們先撤走輜重，然後假裝對壽春發動進攻，然後慢慢有序撤退。」後來事實果真如張賓所料，石勒順利擺脫戰爭的泥淖。

9、皇帝乞討

冉閔除掉後趙石氏一門後，改趙為魏，南面稱帝。為了籠絡民心，他打開國家糧食儲備，讓大家隨便拿。但後來不停發動戰爭，老百姓根本無暇耕種，造成糧荒，他自己和朝臣吃飯都成問題，於是他只能帶著軍隊四處遊食。做了皇帝混口飯都難，這皇帝也太沒用了。

10、冉閔之死

冉閔和燕人交戰，冉閔神勇世人皆知，鮮卑人也非常忌憚。冉閔騎跨朱龍寶馬，左操兩刃矛，右執鈞戟，連斬殺三百多燕兵燕將。但是憑你再英勇，奈何敵人萬千重，根本衝不出，而剛好此時他的朱龍寶馬突然倒地，冉閔被俘虜。燕主慕容俊斥責道：「汝奴僕下才，何得妄自稱帝？」冉閔怒道：「天下大亂，爾曹夷狄，人面獸心，尚欲簒逆。況我中土英雄，何為不可做帝王？」於是被殺。

11、戰前謀斷

桓溫想討伐蜀中成漢，智囊團都反對，議而不決，他心裡也沒譜。只有江夏相袁喬贊成，說：「想成大事，不能指望一些庸人主見。現在對我們構成威脅的只有後趙和成漢，漢主李勢殘暴，人心離散，他憑著蜀地地勢險峻，放鬆戒備。我們可派出萬名精銳出其不意襲擊他，等敵人發現，已經到了他們眼前。」後來戰事發展果如袁喬所料。

12、識破技倆

桓溫北伐，陳兵洛陽伊水，當時洛陽有羌族人姚襄占領。姚襄詭計多端，他想打桓溫伏擊，在伊水北的樹林埋下伏兵，送信給桓溫說：「聽說明公率王師而來，請您下令大軍稍稍後退一步，我將親自來投降。」桓溫可不是好敷衍的，便說：「要來便來，我是來收復中原，拜祭社稷祖陵的，沒工夫和你說廢話。」姚襄見詭計識破，只有率兵交戰，結果戰敗，落荒而逃。

13、飢兵洶洶

桓玄率軍迫近江陵，殷仲堪急忙向楊佺期求救。楊佺期表示：「江陵無糧，我不能讓弟兄們餓肚子打仗，不然你來我這裡吧。」殷仲堪誑他說：「我現在已經徵集了很多糧食，你只負責打仗，吃飯沒問題。」楊佺期率兵趕到後，才發現迎接他的不是大魚大肉，而是勉強半飽的粗飯。怒火攻心的楊佺期帶著餓肚子的大兵們將怒火灑向桓玄，殺得桓玄前方部隊丟盔卸甲。看來人餓昏了，迸發出來力量驚人。

14、一個人的戰爭

劉裕，字德輿，小名寄奴，早年就是一個橫行鄉里的流氓。孫恩叛亂後，劉裕投軍，擔任偵查軍官。有次在巡邏中遭遇數千敵軍，十幾個部下很快戰死，劉裕逼到河岸之下，身陷絕境豁出去了。劉裕手執長矛，挑死數名賊人，大吼上岸，敵人一看這個不要命的冒失鬼，數千人嚇得四處亂竄，劉裕攆著屁股追，連殺數百人。被尾隨來尋找的劉敬宣發現，見劉裕一人攆著數千人滿山跑，一時竟傻了，忘了上前援助。壯哉，劉裕。

15、虛張聲勢

劉裕率晉軍攻打南燕，南燕皇帝慕容超派韓范出使後秦姚興處求救。姚興當時和大夏赫連勃勃交戰正酣，根本抽不開身。便使疑兵之計派使者到劉裕軍營，虛言恐嚇說：「南燕與中國是友好鄰邦，我已經準備好了十萬雄兵，希望你趕快撤兵，不然後果你自己想想吧。」誰知劉裕不吃這一套，直接放話道：「我平定南燕後，自會去找你，如果你急著送死，放馬過來好了。」姚興一看人家已經識破底細，便不敢再囉嗦了。

16、適得其反

晉軍圍困南燕廣固城日久，戰爭局勢很難打破，剛好獲了南燕的軍械工程師張綱，張綱為晉軍製造了大量攻城器械。南燕主慕容超一怒之下將張綱老媽綁上城頭，把她活剮了。本來想恐嚇張綱，但眼看老媽慘死，張綱心口流血，他窮其才智，發明改良好多攻城器械，大幅改進晉軍的裝備，戰爭局面也隨即發生改變。

17、聞名喪膽

劉裕帶兵親自討伐政敵劉毅，劉裕帶領的是守衛建康臺城的衛戍軍，他們之中好多人與劉毅手下的荊州軍是親戚故舊，所以雙方格鬥不是太認真，一邊格殺、一邊交流：「兄弟，你們的首領是誰啊？」「老表，是劉太尉親自督軍啊！」劉毅手下一聽劉裕大名，頓時失去鬥志，一鬨而散。

18、自我解決

王鎮惡北伐後秦，權益行事，想進攻潼關，然後進入關中。不料後秦姚紹奉行「深挖溝、高築牆、不交戰」的方針，王鎮惡一時半刻也奈何不了。王鎮惡孤軍深入，後勤跟不上。便向劉裕告急，要錢要糧要人。劉裕率領水軍被魏軍盯上，沿著河岸追著走，不斷被騷擾，心裡藏著怒氣。便發脾氣說：「我叫他不要擅自行動，不聽，現在魏軍像狗一樣攆著我，我怎麼支援他。」王鎮惡沒辦法，親自到地方督糧，自力更生，豐衣足食。

19、為錢喪命

劉義真從中原撤退時，劫掠了大量金銀珠寶，所以行動遲緩，一日不過十里。建威將軍傅弘之勸說，設法拋棄這些輜重，輕裝快速前進，不然敵人追上來的話拿什麼來抵抗。劉義真手下那群貪財的人誰都捨不得丟下。沒多久，赫連勃勃率兵追了上來，晉軍將士或死或俘，劉義真隻身逃脫。都是被錢害的。

20、謊報戰績

豫州刺史石鑒攻打東吳，古代戰功衡量的一項硬性標準就是割了多少敵人的腦袋。石鑒為了邀功就誇大敵人首級的數量，結果在核查時被發現了。晉武帝很生氣，我對石鑒一直很信任，沒想到他卻如此惡劣，弄虛做假，馬上收拾一下滾回老家去，一輩子不得錄用。石鑒身為最前端的戰區司令官，難道不知道謊報軍情，直接影響中央對敵作戰決策？根本就是想立功想瘋了。

21、反敗為勝

成都王司馬穎所部前鋒到達黃橋，被孫會、士猗、許超的軍隊打敗，死傷一萬多人，士卒們都感到震驚恐懼。司馬穎打算撤退到朝歌防守，盧志、王彥說：「現在我軍失利，敵人剛剛得志，心裡輕視我們。現在選拔精兵，夜襲敵人，敵人絕對想不到。」士猗、許超與孫會互不服氣，仗著初戰告捷而輕視司馬穎，沒有設防備戰。司馬穎襲擊他們，與他們展開激烈戰鬥。孫會等人慘敗，臨陣丟下軍隊向南倉皇逃竄。司馬穎乘勝長驅直入渡過黃河。

職場　十六

人在職場，不但要清楚檯面上的準則，還要懂得潛規則。想要在職場遊刃有餘，個人本領固然很重要，但人際交往技巧更重要，不然你就會灰頭土臉，混得很慘。

1、不識抬舉

咸寧十年冬，司馬炎簽署對吳總攻令，劍鋒直指吳國首都建業。任命「賈充為使持節、假黃鉞、大都督」，全面負責對敵工作。因為賈充是司馬炎駕前紅人，所以想把這個立功機會優先給他。賈充根本沒有統兵作戰的本事，再者長期反戰，現在又主持對吳作戰，拉不下這個面子。所以向皇帝推辭。司馬炎一看他竟然不領情，便生氣了，你不去是吧，那我去。賈充一看皇帝發飆了，無奈只好上路了。

2、葬禮哭別

晉武帝的追悼會在隆重肅穆的氣氛中舉行，照理說應該是首輔大臣楊駿來主持，皇室中級別最高的重量級王爺司馬亮來致悼詞，總結回顧先帝偉大光榮戰鬥的一生，號召全體大臣緊密團結新帝司馬衷人馬，繼承先帝遺志，把大晉的聲勢推到更高更好的局面。但是以上情景都沒出現，楊駿躲在大殿不敢露面，司馬亮在司馬門外，在武警的人牆護衛下衝著皇宮乾嚎了一陣了事。因為他們都認為對方想藉機除掉自己。楊駿和司馬亮都不想把司馬炎的追悼會演變成自己的葬禮送別儀式。

明 藍瑛〈溪山曳杖圖〉

3、分清場合

齊王司馬冏與董艾閒聊，暢談國家大事。嵇紹穿著朝服求見，董艾說：「嵇紹是音樂愛好者，命他彈琴讓大家開心一下。」司馬冏就命人抬琴進來，嵇紹不願意，司馬冏就說：「今天大家都很高興，你又何必掃興呢？」嵇紹莊重回答：「您是主持政事的君王，更應講究禮儀，端正秩序。我今天穿著整齊禮服前來見您，怎麼能讓我做些樂工的事呢？如果，我身著便服，參加私人宴會，那倒不敢推辭了。」齊王和董艾等人聽了此話後，都很慚愧。凡事要看場合，做上司的首先不能打破規矩。

4、秀才帶兵

謝萬言談舉止玩非主流、穿戴時髦，生活中絕對是時尚達人，但這樣一個人出任地區首長，會是什麼場面，請看，在高層軍事會議上，他身披鶴氅裘、戴著飄逸的綸巾、手中把玩玉如意，高傲地一言不發（其實也不知說什麼），最後舉起玉如意對將領們說：「你們都是精兵勁卒啊。」便結束了會議。秀才帶兵，一敗塗地，後來謝萬戰敗，全軍潰散。

5、拖字要訣

桓溫病得不行了，眼看帝王夢就要變成鏡花水月，便催促朝廷幫他加九錫（就是改朝換代前的預演）。謝安接到信後使用官場要術 —— 一個字「拖」，實際來說就是存在技術問題，加九錫流程規範不合要求、委任狀不合規範（其實曹丕和司馬炎的範文就在那裡，複製一下不就好了），就這樣反覆修改，一來一往的，桓溫一口氣斷了，謝安委任狀還沒寫好。惹不起，拖死你，拖字訣果然是官場萬靈丹。

6、自我鑑定

晉明帝問謝鯤：「你自己說說和庾亮相比的話怎麼樣？」謝鯤回答說：「按部就班地上朝當官，身為百官的榜樣，我不如庾亮。要講胸中的真才實學，我自己認為超過他。」

7、潘岳之死

孫秀在潘岳手下工作時，常被潘岳責罰，羞辱。孫秀投靠司馬倫後，權傾朝野，潘岳害怕他算舊帳，某次在朝中遇見孫秀，便試探道：「閣下還記得以前的事嗎？」孫秀冷冷道：「以前的事我都藏在心中，怎麼可能忘記呢！」孫秀都已經把話挑明，但潘岳仍不知急流勇退，不願抛棄權位。三個月後，淮南王司馬允發動兵變失敗。孫秀便趁機誣告潘岳與淮南王密謀造反，以謀反罪判族滅潘岳一門。

8、山濤拒賄

山濤為禮部尚書，手握提拔人事大權，陳郡人袁毅曾做鬲縣令，送給山濤一百斤絲，當時官吏們貪贓枉法、賄賂公卿現象比比皆是。山濤不願獨自違抗當時的風氣，就收下來藏在閣樓。袁毅惡跡敗露，送他到廷尉治罪，凡是他所賄賂的人，都要被依法追究。山濤把絲拿出來交給官吏，上面積有多年灰塵。但印封卻完好如初。人在職場，就算要清廉潔身自好也要講究策略。

9、山濤辭職

山濤早年與石鑒共宿，他想到目前政治局勢，睡意全無，便起來用腳踢一下石鑒，對他說：「現在都什麼時候了，你還睡得著！你對太傅司馬懿稱病有什麼想法？」石鑒回答說：「宰相三次不上朝，給他一個尺把長的詔書讓他收拾包袱滾蛋就是了，還用得著你操心！」山濤說：「咗！石生不要在馬蹄間來往奔走啊！」於是辭職走人。之後不久司馬懿發動政變，誅連不少人。人在官場一定要懂得局勢走向，掌握風向，不然死得很慘。

10、威逼老闆

司馬睿擔心王氏權勢太重，想削弱王氏勢力，便任用劉隗、刁協等為心腹大臣，暗做軍事部署，想平衡王導的權勢。王導堂兄王敦極為不滿，他上書元帝為王導申訴說：「當年陛下說：『我與王敦和王導是管仲、鮑叔之交。』這話至今銘記在心，我想這話還沒過時效吧？」王導覺得王敦逼老闆過頭了，便把申訴書退還給王敦。

11、劉隗敬業

御史中丞劉隗看到王敦威權太盛，無法控制，就勸元帝派心腹鎮守重要州郡，以防王敦為患。王敦得知此事後十分氣憤，致書劉隗恐嚇說：「只有天下安泰，帝業才能興隆。否則，天下就沒希望了。」劉隗答書說：「魚相忘於江湖、人相忘於道術，我的志向是竭盡全力效忠王室。」王敦由此嫉恨在心。

12、急流勇退

王敦之亂後，晉室對王氏家族充滿戒心，扶持庾亮、疏遠王導來平衡權力。晉明帝死後，年僅 5 歲的成帝司馬衍即位。王導錄尚書事，與中書令庾亮、領軍將軍卞壼等人共同輔政，太后庾氏臨朝稱制。庾亮是太后庾氏親兄，兄妹兩人合力掌控朝廷大權。王導等人審時度勢，急流勇退，朝中政務由庾亮裁決。

13、方針不同

王導輔政比較寬和，注意籠絡人心。讓各大族相互牽制，對他們放縱奢侈，朝廷睜一隻眼閉一隻眼。王導常說，有人說我糊塗，將來你們會想念我的糊塗。庾亮輔政後一改王導的寬政，恃權放肆、用法嚴苛、打壓異己、妄殺大臣，在朝野上下結怨很多人。於是大家便懷念起王導主政下的時光。

14、各叫各的

庾敳字子嵩，長相真的難看，身高不滿160公分，而腰帶一公尺多，走起路來根本就是個大肉球。庾敳肚量和肚子一樣大，太尉王衍懶得理他，可是庾敳卻使勁拿熱臉往冷屁股貼，滿口一個親愛的（卿）叫個沒完沒了。王衍沒好氣的說:「先生最好還是別這樣叫。」庾敳回答說:「親愛的你儘管叫我先生，我儘管叫你親愛的，我們各叫各的。」 王衍拿他沒轍，只有任由他。

15、人要自信

王述升任尚書令，一拿到任命狀，他馬上去上任。他兒子王坦之說：「老爸您怎麼不謙讓一下啊，看你這麼急。」王述說：「你看我能否勝任？」王坦之說：「那還用問！但您起碼要做做樣子謙讓一下啊。」王述感慨地說：「既然我勝任，又為什麼要謙讓呢？人家都說比我強，我看畢竟還是不如我。」 人在職場過度謙虛要麼顯得虛偽，要麼是底氣不足，還是自信的好。

16、不准代勞

司馬睿喜得皇子，邀請群臣參加孩子的慶生宴會。切完蛋糕，吹完蠟燭。大臣們都要說些祝賀詞，該說的大家都說完了，輪到殷羨，他一著急沒賀詞了，就說：「皇上喜得皇子，普天同慶，身為大臣，我無功受祿，感到慚愧。」司馬睿一聽又好氣又好笑，朕被窩裡的事讓你代勞還得了，便說：「這種事，就不能讓你立功了。」

17、右軍病退

王羲之看不起王述，王述聲譽卻越來越大，王羲之氣得胃食道逆流。王述母親逝世，按照當時規定，時任會稽內史王述離職辦喪事，由王羲之代領會稽。但王羲之到任後連日聲稱要去弔唁都沒有去，有一次到了王家門口，王述在門口迎接，他卻過門不入離開了，藉此羞辱王述。王述守喪完畢後，不久就升任揚州刺史，成了王羲之上司，命人檢舉王羲之治下會稽郡的各種問題，逼得王羲之提前打報告辭職。人在職場不能任由脾氣來啊。

18、庾亮逛夜店

殷浩、王胡之等人去逛夜店，在 KTV 又是吟詩又是唱歌，正當他們興致真高昂、扯破嗓子狂嚎的時候，樓梯間傳來重重的木屐聲，完了，從腳步聲一聽就猜到是上司庾亮，沒多久庾亮帶著十幾個公務人員走進來。如今風聲緊，難道是來查公款嗎，大家急忙準備閃人，庾亮不疾不徐說道：「大家別走，都坐下，下班時間嘛，放鬆一下沒什麼，老夫也喜歡。」說完靠在馬扎上，和大家一起鬼哭狼嚎，整個晚上大家都玩得很開心。

19、注意形象

紙包不住火，庾亮和部下逛夜店的事傳到京城，丞相王導聽說後道：「元規（庾亮字）是不是要注意一下形象啊，這樣下去，百姓怎麼看我們政府啊。」剛好王羲之在身旁，就打圓場說：「呵呵，那個，他也是性情中人嘛，偶爾風雅一次也無傷大雅啊。」

20、精緻馬屁

簡文帝司馬昱還在擔任丞相時，和謝安一起到桓溫家做客。王珣當時剛好在，桓溫對王珣說：「你不是一直想見司馬丞相嗎，今天你可以躲在帳子裡看他。」等他們走後，桓溫問王珣：「你看這兩個人究竟如何？」王珣清楚桓溫想上位的想法，就說：「司馬丞相作輔弼大臣，當然是像神君一樣，通明澄澈。您也是萬眾景仰，不然，謝安怎麼會甘心居後呢？」一席話說得桓溫滿懷舒坦。

21、不願調離

王胡之早年擔任庾亮的記室參軍，後來庾亮聘任殷浩作長史，殷浩前腳剛到任，庾亮後腳就調離王胡之去京都，他對這次人事調動很不情願，但又不好不服從上司安排，便找個藉口說：「我很少見過品德高尚之人，淵源（殷浩字）剛來，我希望和他在一起多待幾天，學習交流一下。」

22、王謝候門

謝安與王坦之去拜訪郗超，郗超早就看他們不順眼，想曉以顏色，教訓一下他們。謝安與王坦之太陽底下眼巴巴地等了一天。眼看太陽下山了，王坦之忍不住了，轉身就要走。謝安拉住他說：「為了身家性命，你就不能多忍耐一下嗎？」王坦之嘆了口氣，與謝安在郗府的大門外繼續等候。明知道上司故意找你的碴，明智選擇就是順著，明知山有虎，偏向虎山行，等於找死。

23、意外收穫

荊州刺史庾翼病重，眼看來日不多，他想趁著還有最後一口氣，把兒子庾爰之繼承自己的座位。但他的推薦報告遭到朝臣們的激烈反對，政敵何充諷刺說：「荊州是國家的門戶，怎麼交給一個不懂事又乳臭未乾的小鬼頭去鎮守。」那誰去，何充推薦了桓溫。門派鬥爭，桓溫卻意外受益。

24、賈充嫁女

賈充奉命討伐羌人，他官場上對上級拍馬屁，對同僚耍心機很在行，領兵打仗一竅不通。於是趁著餞行機會，他請教荀勖有什麼辦法，荀勖說：「這趟差很難推辭，只有和太子結親，才能避嫌留下來。」賈充拜託荀勖去辦。荀勖拉攏一些沆瀣一氣的朝臣說：「賈公走後，誰罩著我們，不如趁太子的婚事還沒有定下來，勸說陛下納娶賈公的女兒？」大家都表示同意，經過一番關說，賈充不用出征了，家中醜女也推銷了。

25、拍錯馬屁

晉武帝和右將軍皇甫陶在一起論事，由於意見不合，皇甫陶與晉武帝開始爭論。散騎常侍鄭徽覺得表示忠心的機會來了，於是向皇帝打小報告要求將皇甫陶以不尊重上司罪名治罪。晉武帝說：「忠誠正直的言論，我平常都擔心聽不到，鄭徽越級打小報告，顛倒事實。」便將鄭徽免職。晉武帝剛即位，正全力塑造自己明君形象之際，鄭徽亂拍馬屁，實在不懂得看臉色。

26、要識時務

山濤向晉武帝薦舉嵇紹。嵇紹隱居在家，嵇紹父親嵇康被司馬昭所殺，所以心裡有疙瘩，不願意出來做官。山濤對他說：「我為你想了很久，天地、四季尚且此消彼長，互為更替，更何況對於人呢！」於是，嵇紹答應了任命，晉武帝讓他當了祕書丞。

27、行動取消

張華和趙王司馬倫是政壇宿敵，他知道打擊對手要從他身邊人做起。天時地利人和，剛好有人檢舉司馬倫身邊紅人孫秀，他便把剛提拔的司馬肜叫來說，給你一個表現的機會，去把孫秀除了。司馬肜馬上召集人手，安排行動。在職場每個部門都有傳遞消息的管道，大家可以在官方報導之前掌握消息，司馬肜手下的辛冉就是孫秀情報員。他聽後馬上對司馬肜說：「你被張華當當成工具人，如果趙王在你身邊殺人，您有什麼感受，我們可不能不考慮趙王的感受。」司馬肜一聽也對，便取消了刺殺行動。

28、百里求醫

陶侃在廬江太守張夔手底下當差的時候，張夔老婆生了病，聽說治此病需要到幾百里外找醫生。當時剛好在隆冬季節，天上飄著大雪，凍得要死。張夔手下一群人都縮著脖子，生怕被上司點名去接醫生。陶侃想此時不表現更待何時，馬上站出來，主動要求跑一趟。張夔在大冬天被感動的心裡暖烘烘的，還是陶侃這年輕人貼心。事後，舉薦他為孝廉，讓他到京城去發展。

逸聞　十七

總是有一些事，沒看到煌煌正史，傳播在野史，流傳在市井間，由於它們的存在，歷史才顯得更加接近真實，也更貼近原貌。

1、剖腹斷足

桓溫有稱帝的野心，聽說有個遠道而來的尼姑，很有道行，便去拜訪，想一窺天機。剛好她在洗澡，桓溫去偷看她。偷看尼姑洗澡，桓溫大概流了不少鼻血。只見比丘尼全身赤裸，先用刀剖腹，再砍斷雙腳。洗完卻好端端出來，這比真人魔術更刺激，桓溫看得驚魂未定，向她問吉凶，尼姑說：「主公如果作為天子，也像剛看到的一樣。」原來尼姑在自導自演一幕警示魔幻劇。

2、肝腸寸斷

桓溫率兵進四川攻打成漢，途徑三峽，有個人抓了一隻小猿猴，船在峽谷中走，母猿沿著峽谷一路追逐，哀鳴悽慘，船行走了一百多里，暫且停泊之時，母猿跳上甲板就斷氣了。有好事者欲剝皮，結果剖開一看，猿腹內腸子一節一節斷開。桓溫知道後大怒，當即免了那個捕猿人的官職。母子情深，動物與人都一樣啊。

明 藍瑛〈雲壑高逸圖〉

3、以子戲父

張鎮，字義遠，孫子叫張憑。有次他對兒子開玩笑說：「我比不上你啊。」兒子一臉納悶，不知老爸什麼意思。張鎮說：「你有一個好兒子。」張憑當時只有幾歲，聽後便對張鎮說：「爺爺，您怎麼能用兒子來戲弄父親呢！」 張鎮被小孫子這麼一說，覺得自己失言了，滿臉通紅。

4、超級飯桶

苻堅手下有三名猛將，左鎮郎乞活夏默，右鎮郎護磨那，拂蓋郎閹人申香。這三位武將身高三公尺，力大無窮，而且擅長騎馬射箭。他們一頓飯要吃一石米，三十斤肉。

5、范汪食梅

正常人吃幾個梅子就牙齒酸痛，咬不動東西，晉朝有個叫范汪的非常能吃生梅。有人送給他十斗生梅，他一下子就都吃光了，卻什麼事都沒有。

6、羊曼設宴

官員上任，都會稍微意思設宴答謝一下，晉人也不免俗。羊曼剛任丹陽郡尹時設宴請客。並規定，不論你的身分高低，來早的坐在座位上，來晚的你就將就站著，宴席吃得差不多了，就不再上什麼好菜了。有個叫羊固的人被授任臨海太守，也設宴請客，全天佳餚美食，就算是晚到的人，也能吃到豐盛的菜餚。人們議論說：「羊固的宴席雖然非常豐盛，卻沒有羊曼真誠啊！」

7、天竺幻術

永嘉年間，有位會幻術（即魔術）的天竺國胡人來江南。他可以割斷舌頭吐出火來，他先吐舌給觀眾看，然後用刀切斷，血流遍地，又燒了一陣子放入器皿中，讓大家傳看。再看他，還有半隻舌頭。隨即，他把那半截舌頭拿過來接上去，一下子便完好如初，不知道他真的切斷與否。他還將絹布中間割斷，拿著兩塊斷絹閉目祈祝，那絹布當即就連為一體。又拿書紙及繩縷之類的，扔入火中，大家一起看著它們燃成灰燼。他再一撥灰，手裡舉著的還是原來那些東西。

8、連環幻術

東晉時，陽羨縣人路遇一自稱腳痛的書生，求讓他鑽進許彥手中鵝籠捎帶一程，在許彥詫異中他鑽了進去，走了一段路休息時，他吐出一銅盤奩子，奩子中各種山珍海味。他又吐出一美女，邀許彥一起飲酒。書生醉後，女子吐出一個帥哥來，並與許彥寒暄。書生將醒，女子與他並臥。帥哥又吐出一個美女，與她喝酒說笑良久，聽書生有動靜，帥哥將所吐女子吸回口中。後來，和書生一起的美女出來，將那帥哥吞進口中，與許彥對坐。書生起來後將女子、器皿又全吞進口中，然後向許彥告別。

9、溫嶠夢神

從古到今，人們都傳說，當夜深人靜的時候，用火照水底，便能夠看見鬼神。溫嶠等人擊敗了蘇峻的叛亂，來到江西的湓口，半夜裡溫嶠在好奇心驅使下，舉著火把試著照了一下。果然，他看見了巍峨壯麗寺廟，又看見不少小孩，兩個人為一組，乘坐輕便小車，讓黃羊拉著，睜大眼睛向上瞪他，那眼神看起來很恐怖。溫嶠當夜就夢見神人發怒道：「應該讓你知道一下厲害。」不久，溫嶠便生病了。

10、王猛賣畚

王猛早年家裡很窮，在洛陽賣畚箕。某次，有人高價買他的畚箕，說他家在附近，讓王猛跟著他去拿錢。王猛覺得沒走多遠，忽然來到深山。

沒多久，王猛便跟著他進了樹洞，看見一位頭髮全白的老人，四周有十多個侍從。王猛被帶到老者前，並說：「大司馬公請進。」王猛向老者跪拜，老者說：「你為什麼要拜我呢？」送給王猛原價的十倍的畚箕錢，並派人把他送出樹洞。王猛四處一看，才發現身在嵩山，不覺駭然。

11、阮修論鬼

阮修是個無神論者，與人討論是否有鬼神的問題，有人認為人死後會有鬼，阮修認為沒有，他說：「現在那些自稱見過鬼的人，都說鬼穿的是活著時的衣服，如果人死之後有鬼，難道衣服也會有鬼嗎？」

12、阮修伐社

古人在土堆種樹，然後在樹身塗上泥巴，稱為「社」，當作土地神祇，嚴禁砍伐，阮修不信這一套，要砍伐社樹，有人制止他。阮修說：「如果土地神祇是這棵樹，那麼砍樹之後土地神也會死去；如果土地神住在這棵樹上，那麼砍樹之後土地神就會搬家了。」大家頓時啞口無言。

13、暴雨救命

王浚字彭祖，襲父爵，封寧朔將軍、都督幽州諸軍事。八王之亂時，他作壁上觀，成都王司馬穎想除掉他，便派和演為幽州刺史，命他殺掉王浚，奪其兵權。和演先和烏丸單于審登密謀，在薊城（今北京）城南設宴，然後在宴會上殺死王浚。不料天降暴雨，兵器皆溼，拉不開弓矢，謀殺未遂。審登單于迷信，以為老天幫助王浚，便向他洩密。於是王浚和審登一起殺了和演。

14、殷仲堪午睡

有一次桓玄去找殷仲堪，沒想到殷仲堪正和小妾一起午睡。殷仲堪也很識相，不敢去叫醒主人。後來，桓玄向殷仲堪拿這件事開玩笑，殷仲堪耍賴道：「我從來沒有午睡的習慣。」或許覺得藉口不夠充分，繼續辯解說：「就算偶爾有，也不至於那樣好色。」咳咳，大家都是人，殷仲堪何必如此認真，殊不知過度解釋就是掩飾，顯得底氣不足。

15、咄咄逼人

桓玄、殷仲堪和顧愷之一起對「了語」（一種玩機智的語言遊戲），以表示處境危險為主題。桓玄對道：「矛頭淅米劍頭炊。」殷仲堪對道：「百歲老翁攀枯枝。」顧愷之對道：「井上轆轤臥嬰兒。」這時有個在座的參軍插嘴道：「盲人騎瞎馬，夜半臨深池。」殷仲堪有隻眼瞎，以為在射影他，便本能跳起來說：「你這話太欺負人了。」

16、兩丈人鬥嘴

楊皇后父親楊駿被封為車騎將軍，封為臨晉侯。大家都說楊駿度量狹隘，不可委以國家重任，晉武帝不聽。楊駿驕傲，自以為得意，胡奮對楊駿說：「你仗著女兒越來越強橫了。歷觀前代歷史，凡是和天子結親的，沒有不遭滅門之禍的，只不過早晚而已。」楊駿說：「您的女兒不是也在天子家裡嗎？」胡奮女兒為晉武帝貴妃。胡奮說：「我的女兒只是替你的女兒當女僕而已，不可能造成什麼好處或害處！」

飲酒　十八

晉人的生活離不開兩種東西，一是藥（五石散），另一便是酒，離開了酒，魏晉風度便會黯然失色，名士風神不再，酒是發酵粉、酒是催化劑，有了酒，晉人在歷史的臉孔輪廓便漸漸清晰。

明 唐寅〈仕女圖〉

1、斷腸酒

張華混出頭後，小時候的玩伴來看他，張華用九醞酒來招待。這種酒喝下以後需要不斷翻身，不然會中毒。晚上，兩人喝醉躺下後就睡著了。張華常喝九醞酒。酒後睡覺時，家人記著有來幫他翻身。張華忘了告訴僕人幫朋友翻身，那位朋友沒人照看。到天亮朋友還沒醒來。張華惋惜地說：「他一定是死啦！」派人過去看，酒果然穿過朋友的肚腸流出來，床下汪著一地的酒水。

2、擒奸酒

河東劉白墮擅長釀酒。盛夏時節，他將酒貯藏在罌甕裡，在太陽底下曝晒。十天後，酒味甘甜芳香，醉後不易醒。朝廷顯貴每次出京帶回劉白墮釀的酒送人，取名叫「鶴觴」，又叫「騎驢酒」。晉惠帝永熙年間，青州刺史毛鴻賓帶著 「鶴觴」酒到任上。途中遇賊寇，都喝了鶴觴酒後，醉得不省人事而被捕。此後，它又叫「擒奸酒」。江湖上多了一個傳說：「不怕箭射刀砍，只怕白墮釀酒！」

3、青田酒

烏孫國產一種青田核，樹和果實樣子不明，青田核像盛五六升葫蘆那麼大，用它盛水就會變成酒。有個叫劉章的人，曾得到兩枚青田核，邀朋友設酒宴。這兩枚青田核釀出來的酒，可供得上二十個人來喝。一核的酒才飲完，另一核中的水又變成了酒，可以接著飲。不過這種酒不能放得太久，時間長了，則味苦難飲。當時人叫這種核為「青田壺」，這種酒叫「青田酒」。

4、女兒酒

南方人生女兒後，長到幾歲時，家中釀酒，冬天池塘水枯時，把酒罌埋在池塘岸邊。到春天池塘裡漲滿了水，也不會挖出來。待到女孩長大出嫁時，在堤岸挖個缺口，將水放開，然後挖出埋下的酒罌，用埋藏多年的美酒招待賓客。南方人稱它為「女兒酒」。這種陳年佳釀，味道絕對甘美。

5、煙雨酒臺

石虎在大武殿前建造一座樓，高約一百公尺。將珠編結成門簾掛在上面，簾下飾有五色玉珮，簾上安裝一條銅龍，龍腹是空的，可以盛幾百斛酒。讓胡人在樓上喝酒，有風颳來，簾子隨風擺動，遠遠望去整座樓如在雲霧中。

6、一飲八斗

山濤，字巨源。他的酒量能喝八斗。晉武帝有點懷疑，想試探一下，某次飲酒，讓人暗中為山濤記數，果然喝到八斗才醉。

7、醉死肉腐

周顗，字伯仁，每次最多能飲一石酒。過江以後，雖然每天都喝得酩酊大醉，為沒遇到旗鼓相當的酒友跟他對飲而感到遺憾。偶然有一次，從江北來了一位過去在一起飲酒的朋友，周顗遇到後非常高興，準備了兩石酒兩人共飲，都喝得酩酊大醉。待到醒酒後，周顗讓人看看客人怎麼樣了，才發現那位酒友已經肋側腐爛而死。

8、喝死算了

劉伶嗜酒如命，酒罐子寸步不離，一刻不喝酒就渾身難受。有時候屋裡悶酒喝膩了，就坐上自己的寶鹿牌座駕去郊遊，車子後面叫僕人抬著棺材。路人看見納悶說：「這是送殯嗎，不像，沒人哭泣，沒人披麻戴孝，可不像出殯，拉著棺材去旅遊，這樣太前衛了吧。」劉伶看著這些浮雲，回過頭對僕人說：「旅途中，我喝死在哪裡，把我就地埋了。」

9、對酒發誓

長期喝酒，酒精嚴重侵害了劉伶的健康，老婆看在眼裡，不捨在心上，決定毀掉他的酒具，讓他戒酒，劉伶說：「親愛的，妳趕快準備好酒肉，我對神靈發誓，再也不沾酒了。」老婆高興地準備好了，劉伶端起酒杯起誓道：「神啊，我劉伶以酒為名，一飲一斛，五斗解酲，我老婆的話，您可千萬別聽。」說完又開始喝了。

10、螃蟹和酒

畢卓字茂世，新蔡鮦陽人（今安徽臨泉鮦城）。被溫嶠賞識，引薦為平南長史。眼看朝政汙濁，便以酒自娛，嗜酒如命，他有一句明言：「將百斛美酒放在船上，身邊放著四季美味，右手握著酒杯，左手拿著蟹螯，坐在船上任其漂浮在水面，優哉遊哉，這樣一輩子值了。」

11、舉酒邀太白

晉孝武帝司馬矅是個喝酒不要命的人，晚年時幾乎天天酒醉中，清醒的沒有幾天，當時各地不斷發生地震，天上又有災星出現，這讓司馬矅非常鬱悶，某天晚上，他又在宮中徹夜暢飲，抬頭醉意朦朧中看見金星劃過夜空，便舉杯向天說：「來來來，你也下來陪朕喝幾杯，世間哪有萬歲天子，活一天算一天。」

12、強行灌酒

王恭與王忱到何澄家裡作客，酒席間王忱喝開了，一直向王恭勸酒。估計王恭不勝酒力，拒絕喝酒，王忱覺得沒面子，便抓住王恭衣帶強行灌酒，王恭也急了，也抓住王忱衣帶扭作一團。王恭手下見情勢不對，趕快回家去叫人，王忱手下一看也湧了上來。何澄對這兩個酒鬼沒有辦法，只好坐在兩人之間分開他們。一場酒局差點變成群眾械鬥，看來勸酒要掌握好分寸，過度了就會傷和氣。

13、直呼父名

胡毋輔之，字彥國，晉泰山奉高人。他經常喝得爛醉，甚至喝醉了就發狂，脫光衣服玩天體藝術，也不覺得有什麼不妥當。有一次又買醉，他兒子胡毋謙之都看不下去了，顧不上禮貌，厲聲叫著他的字說：「彥國，你都一大把年紀了，怎麼還這樣！」胡毋輔之也不生氣，反而笑嘻嘻地叫兒子一起過來喝幾杯。

14、狗洞要酒

胡毋輔之不拘禮法，行為放蕩，整天不好好工作，上班時間跑回家和一群酒鬼裸著身子一起喝酒，大概怕被人發現翹班。每次都關起門來喝，有一次，他與畢卓在家裡喝得正高興，酒友光逸趕到了，他聞著酒香但進不了門，心癢難耐，情急之下，脫下衣帽，從狗洞裡喊道：「幫我留點啊。」胡毋輔之聽到後，趕快讓他進來一起喝酒。

15、金貂換酒

阮孚字遙集，阮咸之子。在做安東參軍時，整天在軍中喝得一塌糊塗，完全沒把工作放在心上。後來又調任他去作車騎將軍的長史，大家都勸他少喝酒，別耽誤公事，他卻經常是爛醉如泥，有一次喝酒沒錢了，他把官帽上的金貂拿去換酒喝，被人揭發而丟了官。

飲酒　十八

軼事　十九

晉人名士多，他們追求灑脫自在，做事不拘禮法，他們言行舉止，超塵脫俗，留下許多軼事，讓人津津樂道。

明 文徵明〈竹林七賢圖〉

1、東床坦腹

東晉時，太傅郗鑒想為女兒郗璿物色一位佳婿，聽說丞相王導的子姪長得都很英俊，便讓門客帶親筆信到王府進行一場「選婿大會」。王丞相見信後說：「我的幾個臭小子都在東廂房，任意選吧！」門客到東廂房看了看後，趕回郗府，對郗鑒說：「王丞相家的子姪們都很帥，聽說我為您選女婿，都有點矯揉造作，只有一個，露著肚皮若無其事躺在東床上。」郗鑒聞聽後笑道：「就選那個露肚皮的為婿。」這個青年就是王羲之。以後東床便成了女婿的代名詞。

2、韓壽偷香

西晉時，有個南陽人韓壽，容貌俊美，為權臣賈充司空掾，賈充對韓壽極為欣賞，每次宴集賓僚，必讓韓壽同席作陪。賈充次女叫賈午，暗中見到韓帥哥，為他儀容迷倒，心旌搖曳，春心暗動。讓婢女傳話暗中約會。戀愛中的女人智商為零，為了表達愛意，她將皇帝賞賜賈充的西域奇香送給情郎。後來賈充從韓壽身上聞到香味，感到詫異，便理解幾分，遂拷問婢女，得知內情，礙於面子，只有將女兒嫁給韓壽。從此之後，「偷香」成了男女暗中調情的意思。

3、志不折腰

義熙元年（西元 405 年），陶淵明在朋友的勸說下，出任彭澤縣令。到任八十一天，潯陽郡派督郵來檢查公務，縣吏勸他穿戴整齊、備好禮品、恭敬地去迎接督郵。陶淵明嘆道：「我豈能為了區區五斗米（他一月薪俸）向無名小輩折腰。」說完，辭職歸鄉。此後，他一面讀書為文，一面躬耕隴畝。這種氣節有幾人能做到啊。

4、字成換鵝

王羲之外出遊玩，見一群白鵝在河面上戲水。他目不轉睛看白鵝的種種游泳姿態，聯想到書法用筆，喜愛之情洋溢於表。鵝主人是一位道士，看到王羲之那副表情，心中竊喜。王羲之提出買下這群鵝，他不露聲色地說：「我這鵝是不賣的，倘如大人想要，就請寫一本《黃庭經》來換吧。」王羲之欣然同意。就這樣，以字換鵝，興致勃勃地將白鵝帶了回去。詩人李白有詩云：「山陰道士如相見，應寫《黃庭》換白鵝。」出典就在此。

5、胡笳解圍

劉琨任并州刺史，駐守晉陽城。有一次，數萬匈奴兵將晉陽團團圍住。他一面嚴密防守，一面修書請求援軍。可援軍遲遲未到，城內糧草不濟、人心惶惶。劉琨登上城樓，俯眺城外敵營，冥思苦想對策。忽然想起「四面楚歌」的故事，於是下令召集會吹胡笳的士卒，夜半向匈奴兵營吹〈胡笳五弄〉。曲子哀傷悽婉，匈奴兵聽了軍心騷動，激發思鄉之情，皆泣淚不已，遂撤圍而去。一曲鄉愁瓦解了軍心。

6、張闓拆門

廷尉張闓擅自在家門口街道上建了一座門，每天大門晚開早關，可苦了住在街道上的街坊鄰居。對於張闓私建違章建築，大家申訴無門，後來聽說太傅賀循來巡視，便去訴苦，賀循放話說，此事不在職責範圍內，但可以問問。張闓聽到風聲就把門拆了，並親自去迎接賀循，賀循拿出訴狀給他看：「這事本來我管不著，但我們是世交，所以才沒丟棄它。」賀循果然老練，既解決了鄰居的出入問題，又保住了張闓的面子。

7、支遁放鶴

支遁和尚非常愛鶴，朋友送他一對鶴，為了防止鶴飛走，他剪去鶴的羽毛，後來支遁又讓鶴的羽毛長齊，仍憑牠飛走，旁人不解，支遁說：「鶴是沖天之物，怎麼能讓牠成為我的寵物呢？」人們由此對支遁的豁達胸懷極為讚賞。愛牠你就給牠自由。

8、別樣反貪

後趙主石勒非常重視反貪工作，參軍周延貪汙官絹數百卷，經過服勞役刑，重新上崗工作。石勒決定以周延事件舉一反三，開始反腐倡廉的工作。於是他讓優伶扮作周延，排成節目，在朝堂演出，想以此警誡官員們。石勒寓教於樂，可謂用心良苦。

9、知子莫若父

石崇在兄弟六人中排行最小，老爺石苞臨終前，讓兒子們分家產，大家都有份，唯有石崇沒有，老媽憤憤不平，覺得老爺做事不公，為什麼這樣對待老么。石苞說：「你別看他小，這小子有能耐，絕對不會受窮。」石崇長大後，果然富可敵國，石老爺眼光獨到啊。

10、王戎賣李

王戎位列三公，家財萬貫，卻異常吝嗇。他家有一棵品種罕見的李樹，口味鮮美，在市場很搶手。王戎為了防止李樹種子流失，就想了一招，每個售出的李子果核鑽個洞，這樣，就算別人種植也不會成功，只是這工作也太辛苦了。

11、王戎嫁女

王戎女兒出嫁，估計男方條件不太好，為了自己婚禮辦得體面一點，女兒便向他借了一點錢。但此後每逢她回娘家省親，王戎便不給她好臉色，直到女兒把錢還清，他臉上才浮出笑容來。實在不清楚就王戎這麼一個貨色，怎麼躋身於「竹林七賢」。

12、狗尾續貂

趙王司馬倫誅殺賈后，掌握政權後，為收買人心濫賞官爵。封文武官員數千人為侯。大封自己黨徒，甚至連奴隸走卒也封爵號。晉朝官帽上都用貂尾做裝飾，因為封賞得太浮濫，庫存的貂尾都用完了，只好用狗尾巴來湊數。民間就編了歌謠諷刺道：「貂不足，狗尾續。」成語「狗尾續貂」源自於此。

13、吳牛喘月

滿奮得了一種怕風的怪病，有一次在晉武帝身旁侍坐，北窗是琉璃屏，因為透明，看起來像透風，實際上很緊密，滿奮直覺反應，以為是透風的，錯覺產生了恐懼，臉上露出為難的表情。武帝看在眼裡，感到很好笑。好在滿奮反應敏捷，自嘲說：「我就像吳地的牛，看見月亮就以為太陽出來了開始喘息。」滿奮用幽默的自我嘲弄，化解了尷尬的局面。

14、孫綽嫁女

王坦之有個弟弟叫阿智，名字叫智但其實是個智障青年，王家都為他的婚事煩惱。孫綽有個弱智女兒，他便親自去王家提親。看了看阿智以後假意說這個孩子就是憨厚了一點，還不錯啊，我家有個女兒，就是我們出身卑微，不知能否高攀？王家聽說大喜，趕快張羅喜事。誰知婚後一看，孫家小姐愚笨程度超過王家少爺，才知道上當了。

15、如此淡定

淝水取得勝利後，謝玄火速派人送來捷報，謝安正在深山別墅裡和客人下圍棋，他看完捷報，就隨手放到床上，不露聲色，繼續下棋。客人問起前線戰況如何，謝安淡淡地說了一句：「小兒輩已經破賊！」等到下完棋，回到內室時，謝安再也無法控制內心的激動，過門檻時竟絆了腳，連木屐的齒都折斷了。

16、陸玩拒婚

王導剛到江南時，人生地不熟，想要站穩腳跟，就想和本土人士交好，他想和名門陸玩聯姻，藉助婚姻實現本土化，誰知人家陸家根本看不起他這個北方大老。陸玩冷冰冰地撂下一句話：「土包上長不出參天大樹，香草和狗尾草不能插在同個花瓶裡。我雖然沒什麼能耐，但老規矩不敢破。」王導被弄得灰頭土臉。

17、庾統旅遊

庾統和幾個弟弟來到吳地家族旅遊，晚上他們去飯店登記住宿。幾個弟弟先進去，由於是旅遊旺季，大廳裡站滿了登記的背包客，等半天也插不上隊。庾統知道後說：「我去試試看。」就拄著枴杖，帶著一個下人去了。剛進門，客人們一見他的風度儀表，知道不是普通人，就馬上躲開了。身分就是通行證，哪個年頭都一樣。

18、不得越雷池

蘇峻叛亂後，溫嶠擔心庾亮招抵不上，便申請發兵增援建康。庾亮害怕溫嶠一離防，上游陶侃趁機作亂，如果說蘇峻是一匹狼，陶侃就是一隻虎，評估之後，庾亮拒絕了蘇峻的申請。寫信告誡道：「足下無過雷池一步也（雷池在今安徽望江縣）。」然而由於沒了外援，庾亮很快被蘇峻打得落花流水，最後隻身跑到溫嶠那裡避難。

19、杯弓蛇影

樂廣字彥輔，南陽淯陽人。樂廣和一個朋友在喝酒，他發現酒杯中有蛇的影子在搖晃，受了驚嚇，回去便病倒了。樂廣聽說後，把朋友叫來，幫他倒滿酒，朋友看見酒杯中仍有一條蛇在晃動，嚇得直發抖。樂廣讓他回過頭看看，原來官衙的牆上有突出的角畫有蛇，影子倒射到酒杯中，朋友頓時豁然開朗，病也隨之痊癒。很多時候，都是我們自己嚇自己，理解了，也就沒什麼了。

20、樂廣釋夢

衛玠幼年的時候為了解開夢的謎團，苦苦思索了一個多月，也沒想清楚，加上他體質弱，由於用腦過度結果病倒了，樂廣替他解釋說夢就是源自於想像。衛玠說：「可是有時候夢中見到從沒見過和碰過的東西，怎麼回事啊！」樂廣說：「我們不會夢見駕車進入老鼠洞，或者把鐵棍搗碎吃下去，是我們從來沒想過這樣的事，沒有原因的夢不會做。」經過樂廣一番分析，衛玠的病很快就好了。

21、發現人才

胡毋輔之善於發現人才、樂於推薦人才。有一次他和幾個朋友一起去郊遊，在一條小河邊飲酒，適逢天氣寒冷，他身旁有個叫王子博的叉著腿坐著，便使喚他生火取暖。沒想到王子博是個有脾氣的人，沒好氣回答：「我又不是你手下，幹嘛聽你使喚。」胡毋輔之一聽反而有興致，便和他聊天，一聊才發現此人很有才華。自己遠不如他。後來把王子博推薦給河南尹樂廣，委任為工曹。

22、酗酒離婚

衛宣娶了晉武帝司馬炎的女兒，做皇帝女婿是多少人夢寐以求的事。誰都知道皇帝女兒嬌生慣養，好生伺候還怕怠慢了。但在衛宣眼中，美酒分量比公主重多了。整天泡在酒中，不醒人事，害得公主常常獨守空房，形同活寡。本來這是夫妻間的家務事，身為皇帝老丈人訓斥一下，讓他責令改過就好。但政敵楊駿抓住這件事借題發揮，向司馬炎反映說衛宣天天醉，分明是輕視公主，輕視公主就是蔑視皇上。司馬炎一聽，馬上叫小夫妻兩人離婚了事。

23、皇帝同學

劉弘字和季，沛國相（今安徽濉溪）人。劉弘少年時家居洛陽，與晉武帝司馬炎都住在一個叫永安里的社區，湊巧他們又是同一年出生的，兩人一起學習，有過良好互動。武帝即位後，就想提攜一下這位老同學，拜為大夫。有了這位皇帝同學，劉弘想不升官都難，沒過幾年，升官就像坐火箭一樣一直往上竄。人脈資源果然是所有資源中最寶貴的資源。

24、減肥送命

王戎有一個兒子叫王萬，他很看重這個兒子。王萬屬於先天肥胖的兒童，實在有損他爹王戎名士的名聲，每次帶著兒子上街串門子時，少不了被人指指點點。王戎替兒子制定了塑身計畫，決定先從兒子飲食的調整做起。王戎大概覺得兒子平常吃得太好了，讓他換個口味，讓兒子吃米糠，可憐的王萬自此以後，就差跟豬吃同一鍋飯了。吃米糠吃到十九歲，終於死了，但肥胖如故。王戎這種減肥方式就是典型虐待未成年人。

25、墮淚碑

荊州的百姓們聽到羊祜去世的消息，為他罷市，在里巷裡聚在一起哭泣，哭聲接連不絕。就連吳國守衛邊境的將士們也為羊祜的死而流淚。羊祜喜歡遊峴山，襄陽的百姓們在峴山上建廟立碑，一年四季祭祀。每次望見這座碑的人沒有不落淚的，所以人們稱這座碑為墮淚碑。

飲食　二十

民以食為天，晉朝時人們的飲食習慣比前朝多了很大的變化，由於當時社會還處於傳統農業社會，人們的飲食主要還是以穀物、蔬菜為主，對於大多數人來說，吃肉還是很稀罕的，只有節日才會出現在飯桌上。

1、伙食補助

晉武帝太康年間尚書郭奕生病了，皇帝覺得病人身體虛弱，需要滋補一下，所以發放皇家伙食補助給他，每天供給酒、米各五升，豬肉、羊肉各一斤。與當時奢靡之風相比，這皇家伙食也太寒酸了，堂堂一政府官員就這種待遇而已。

2、飯食原料

晉朝時，飯食南方人以稻米為主，北方人主食為粟（即小米）。白米價格比較貴，正常老百姓吃不起，當時老百姓主食是麥飯，麥飯是用麥子蒸制，價格比較低廉。

3、煮粥法洩密事件

晉人愛喝粥，根據原料不同有：白粥（稻米粥），粟粥（小米粥）、麥粥（未磨製的麥粒煮成）、豆粥（紅豆、綠豆等豆類熬成）。豆子熬粥需要花費很長時間，不輕易煮爛。王愷和石崇比賽財富，石崇能很快將豆粥為賓客端上飯桌，那時候還沒有壓力鍋，所以王愷百思不得其解。後來透過賄賂石崇手下得知，原來王家提前將豆子煮好，到時候直接倒入白粥中就好了。這不是明顯幫大家熱剩飯嘛，王愷將此事大肆宣揚，石崇惱羞成怒將洩密者處死。

明 文徵明〈蘭亭修褉圖〉

4、胡餅由來

胡餅顧名思義是北方胡人發明的，後來傳入漢地，它的做法跟今天燒餅差不多，放在爐中烤制而成，做法簡單、口感好，無論廟堂公卿還是販夫走卒都很喜歡。後趙主石勒很忌諱別人說胡字，所以後來胡餅改稱博爐。石虎上任後，把它改名為麻餅。胡餅表示很難過，吃就吃，一個名稱還改來改去。

5、開花饅頭

晉朝時對於麵食發酵的技術還不是很成熟，所以像饅頭（當時叫蒸餅）這類發酵食品做得還是不那麼完美，想要饅頭開裂紋更困難。使蒸餅（即饅頭）上裂紋是絕密技術，要是蒸餅上面沒有十字裂紋，西晉時的美食家何曾便不吃了。後趙主石虎還發明了包餡饅頭，饅頭裡包上紅棗乾、核桃仁，蒸熟後有十字裂紋才吃。

6、油炸截餅

截餅又被稱作蠍子（不知為何取這個名字），是晉朝時期的一種油炸食品，不過它不是用水來和麵，而是用牛羊奶和麵（那時候中國還沒有三聚氰胺，絕對安全），做好放入油炸，出鍋要趁熱吃，入口即碎，鬆脆可口。

7、寒具

清明節前一天被稱為寒食節，這個節日非常古老，據說為了紀念春秋時期晉國賢臣介子推，這天按照習俗不能生火，必須吃冷食。晉人在這天要吃一種叫寒具的食品，它是用對半比例的蜂蜜水將糯米粉調成稀糊狀，然後用竹杓舀起，從竹杓孔落入油鍋。寒具甜膩可口，而且容易保存不易壞，所以是寒食節必備食品。

8、晉朝菜價

除了豪門貴冑，晉朝時多數一般官員、中產階級平常都吃不起肉，大概都食素，所以菜價關係到千家萬戶的生活水準和幸福程度，當時主要城市的周邊地區都有大量菜農，也有專門賣菜的攤販，那麼當時的菜價是如何呢，以芫荽（即香菜）為例，一畝地可產兩車，一車價值絹三匹。

9、蔬菜保存

晉朝時沒有溫室棚架，想吃換季蔬菜很難，所以蔬菜保存就顯得尤為重要，那時候保存蔬菜的方法很多，大致可分為兩類，一類就是醃製、一類就是埋藏。醃製不用多說，埋藏就是將菜埋在地下，蓋上莊家稭稈，再埋上土，隨吃隨取。晉人過冬的菜單有蕪菁、芥菜、竹筍、芹菜、蘿蔔、冬瓜、越瓜等。

飲食　二十

隱士 二十一

晉朝時，社會動盪不安，政局詭祕多變，生存環境異常惡劣，眼看著一個個菁英人頭落下，倫理綱常墮地，整個社會瀰漫著浮華之風，有一些文人士大夫採取了與主流社會不合作主義，遠離政治漩渦，寄居山林之間，這個族群被稱作隱士。

1、郭文拒仕

郭文，河內軹人，父母去世以後，他一直享受單身生活。劉淵攻破洛陽，他逃入大山，仿照上古有巢氏在樹上築巢。大概那時身在亂世，食鹽專賣的管控不嚴，他靠販賣食鹽度日，實在不夠，就採集野果充飢，生活稍有盈餘，便接濟窮人。他的事蹟感動了不少人，名氣也越來越大，傳到宰相王導耳裡，王導想野有遺賢，這可不行，便想請他出來做官。郭文聽到風聲，連夜逃得無影無蹤。

2、葛洪歸隱

葛洪字稚川，自號抱朴子，東晉時丹陽句容人。早先也曾在政府裡做過一些基層公務員，後來由於解決了以石冰為首的不明原因群眾鬧事，葛洪處理這次群眾衝突事件方法得當，沒出大亂子，被朝廷看好，拜爵關內侯。後來他厭倦職場生涯，開始自助旅行，再後來索性隱居在羅浮山，以八十一歲高齡壽終，這在普遍短命的兩晉時代絕對是個神話，難怪後人把他當成活神仙。

明 藍瑛〈秋壑飛虹圖〉

3、白鹿為伴

陶淡身出名門，他是名將陶侃的孫子，從小喜歡神仙隱逸。他常感覺為俗世所累，所以跑到臨湘山隱居，養了一隻基因變異的白鹿當寵物，這在那年代可是絕對稀罕的吉祥物，所以他的名氣更大了，於是便有官員推舉他為秀才（因為以前有不少人就是這麼吸睛來炒作的。），陶淡聽說後乾脆跑得遠遠的，到了羅縣埤山藏起來。這件事讓大詩人李白羨慕不已，也一直夢想擁有這樣一隻寵物，但沒實現。

4、五柳先生

陶淵明字元亮，潯陽柴桑人。他家祖上也曾富裕過，曾祖父便是大名鼎鼎的陶侃。但到了他這一代，家道中落，窮得就只剩下祖上榮耀。早年做過幾天芝麻小官，但由於個性耿直，在職場屢屢碰壁，索性辭職在家自食其力，日子雖然清苦，但也自得其樂，農閒時節，還吟詩著文，自號五柳先生。從此東晉官場少了一個無名小官員，中國文學史添了一代田園詩人。陶淵明的事蹟告訴我們，如果你的工作不順心，辭職轉型也是個不錯的選擇。

5、氣功大師

許邁，東晉時丹陽句容人，出生豪門，家大業大，或許是受了老鄰居葛洪的影響，他對當公務員實在沒有興趣，一心想出世隱居修行。等父母過世，他便和一群志同道合的背包客遊走名山大川，順便採藥，自學藥理學，後來又對吐納之術感興趣，練氣功已經達到N級水準，據說他吸一口氣等於常人數千次，這肺活量大的嚇人啊，不去當潛水員實在浪費。

6、有始無終

向秀早年是知名民間文化協會「竹林七賢」之一，該協會最知名的會員嵇康由於採取對政府不合作主義，最終被殺。向秀被嚇破膽，不敢再隱居了，直接跑到洛陽，要求在政府掛職鍛鍊。司馬昭對他諷刺說：「我久聞你是上古不合作主義大老巢夫、許由的死忠粉絲，怎麼跑到我這裡來了？」向秀羞紅著臉說：「嘿嘿，他們這些人就是狂妄之徒而已，有什麼好學的。」

懸案　二十二

清 華嵒〈金谷園圖軸〉

世間總是有一些謎團，怎麼解都解不開，留給後人無限遐想和猜測，其中原委恐怕只有經歷過的本人才能知曉。

1、所謀為何

匈奴漢國靳準身為劉聰、劉粲兩代帝王的國丈，位極人臣，親手殺掉自己的姑爺劉粲，然後將平陽匈奴劉姓宗親通通殺掉，一個不留，挖開劉淵、劉聰的陵墓，並對劉聰的屍體斬首。焚燒劉氏宗廟，他的動作一個比一個徹底，一個比一個狠毒，他要把劉氏無論陰陽兩世都要抹乾淨，之後他下令將傳國玉璽和晉懷帝、晉愍帝的棺槨護送至江南東晉，但他為何這麼做，永遠是個謎團。

2、頭號謀殺案

晉孝武帝酒後戲言要廢掉寵妃張貴人，這位張貴人平常集千般寵愛於一身，哪受得了這個委屈，她不認為這是皇帝老公酒後開玩笑，反倒是酒後吐真言，於是她妒心火焰燒昏了頭，趁著孝武帝醉酒，用棉被悶死他。謀殺皇帝可是誅九族的大罪，但跌破眼鏡的是她事後竟然沒受到任何懲處，其中原因外人不得而知，成為晉朝歷史上最大的謎團。

言行　二十三

晉人講求自然任性，有時候寥寥數語表現出真性情，富有機鋒，清新俊逸，發人深思。看似平淡的言語往往是內心世界的顯露，耐人尋味。

司馬懿畫像

1、不臣之心

桓溫窺伺皇位，總是想著怎麼取代。有一次他躺著對親信流露出心跡說：「人活著如果寂寞無為，將被司馬昭、司馬師兄弟兩人恥笑。」這是挑明想取代晉室，眾人嚇得不敢對答。沒多久他又撫著枕頭坐起來說：「既然不能流芳後世，難道就不能遺臭萬年嗎？」桓溫這種人活著就要轟轟烈烈，最怕就是默默無聞的死去。

2、惺惺相惜

桓溫有一次路過王敦的墓邊，他望著墓感慨道：「王敦是個能幹的人！真是個能幹的人啊！」王敦造反不成落寞死去。桓溫也有同樣想法，他是在借王敦之酒澆心中之塊壘。

3、蔡洪赴洛

蔡洪到京城洛陽謀發展，可是他北上辛苦打拚，卻被京城的人瞧不起。有些人故意刁難他：「身為吳楚的亡國餘孽，你靠什麼到京城來混？」蔡洪回答：「夜明珠不見得出在黃河；璧玉不一定採自崑崙山。大禹生東夷，文王出西羌。聖賢出身沒有固定地方。武王伐紂時，把商朝刁民遷到了洛陽，恐怕各位就是那些刁蠻之民的後代吧！」英雄不問出身，地域歧視是沒用的。

4、謝安匍拜

桓溫氣焰熏天，每次出行，都是儀仗威武，招搖過市，行人見了躲避不及就跪伏在路邊。有一次，他的車隊出來，謝安剛好撞上了，謝安在當時很有名氣，跟桓溫也有一定的私交。謝安也和路人一起跪拜在地。桓溫在車上看見覺得不好意思，趕快叫人扶起，說老兄何必如此？謝安說，天子見了你，都作揖打恭，我焉敢不誠惶誠恐。謝安是藉機勸他收斂一下，但桓溫貌似沒放在心上，以後出行如故。

5、不過如此

前秦敗亡後，苻堅之子苻宏逃到東晉尋求政治庇護，出於外交需求，謝安常讓這位流亡王子參加一些禮節性宴會。苻宏自視甚高，每每高談闊論，旁若無人，好多賓客出於禮儀處處忍讓，苻宏更加目中無人。有次王徽之也列席宴會，他直視苻宏良久，然後回過頭對謝安說：

「我看和常人沒什麼兩樣嘛！」聲音傳到苻宏耳中，不禁臉紅了。對有些人就不能過度縱容，當面戳穿最合適。

6、沉默是金

王獻之曾經和哥哥王徽之、王操之一起拜訪謝安，兩個哥哥都說一些雞毛蒜皮生活瑣事，王獻之只是和謝安寒暄幾句。他們出去之後，客人問謝安王氏三兄弟誰優誰差，謝安說：「小的那個好。」客人問他原因，謝安說：「優秀的人話少，因為他話少，就知道他的優秀了。」

7、枕石漱流

晉朝人孫子荊，年輕時想當隱士，總是想在人前表現一下隱逸之氣。有次他看見王濟，便想賣弄一番，本來想說：「應當頭枕石頭，口飲溪水。」口誤說成：「應當口飲石頭，頭枕溪水。」王濟反應快，馬上問：「溪水怎麼做枕頭，石頭怎麼可飲呢？」孫子荊這發現，剛才口誤說錯了，於是狡辯道：「我之所以頭枕溪水，是為了洗耳朵；之所以飲石頭，是想磨礪牙齒！」

8、王濟伐李

和嶠小氣出了名，他家李樹，品種很不錯。小舅子王濟求他給一點李子，只給了不過幾十個。王濟氣憤不過，趁他去值班，帶上一群喜歡吃李子的年輕人，大家一起盡情地吃飽以後，用斧頭把李樹砍掉了，順便替和嶠送去一車樹枝。並且故意氣他說：「比你家的李樹好不好？」和嶠收下了樹枝，只有苦笑了。

9、都說家鄉美

王濟和孫荊都深愛自己的家鄉，兩個人常在一起談論家鄉風土人情，都說自己家鄉有多好。王濟說：「我們那裡的土地坦蕩平整，河水甘冽而清澈，家鄉人人廉潔純真。」孫子荊說：「我們那裡的山勢險峻巍峨，河水浩浩湯湯，家鄉人才輩出。」嘿嘿，誰不說我的家鄉美。

10、家鄉菜

陸機到王濟家作客，王家有一百斛羊起司。王濟指著這些羊起司問陸機：「在你們東吳，有什麼名菜可以跟羊起司相媲美？」陸機回答說：「我們東吳有千里那邊產的蓴菜烹製的羹湯，加上那裡產的鹽豆豉，都是跟羊起司一樣好吃的佳餚啊！」一方水土養一方人，誰都覺得家鄉菜吃了安心。

11、難見高下

孫盛與殷浩舉行家庭辯論會，脣槍舌劍，唾沫飛濺。說到興致高昂之處，拿起牛尾拂塵相互比劃，眼看吃飯時間到了，僕人把飯菜端上來，他們都顧不上動筷子，飯菜涼了再熱，熱了又涼，由於不停拿拂塵比劃，弄得滿桌都是牛毛，飯菜裡也落滿了毛。這辯論也太投入了，真正的廢寢忘食。

12、肥瘦之辯

庾亮去拜訪周顗。周顗覺得庾亮身材有點走形，便問：「你近來遇到什麼高興的事，看起來忽然發福了？」庾亮心中有點不爽，便反問道：「您有什麼傷心事，好像忽然瘦了呢？」周顗隨即向他講起自己的養生之道說：「我沒有什麼傷心事，只不過是天天吃些蔬菜，使胃腸清潔虛空，腸道清潔了，身材也就好了。」

13、不能詐欺

張茂，字偉康，幼年家境貧寒，有志行，為鄉里所敬信。後來起義兵，討伐陳斌，確保一郡安寧。元帝司馬睿任命他為掾屬。官府有數十頭老牛打算賣掉，張茂說：「法律規定不准屠殺耕牛，買主不能私自屠殺，而牛牙口已老，沒辦法耕田和駕車，這是在用沒有用的東西來詐欺老百姓，這樣可不好。」元帝便下令取消這次拍賣活動。

14、郭璞哭喪

陳述，字嗣祖，很有名氣，在王敦屬下任職，頗受喜愛和器重。他死後，郭璞前去哭喪，哭得十分哀傷，並喊叫說：「嗣祖啊，你這一死，怎知不是逃避禍亂的福分呢！」不久，王敦果然起兵作亂，陳述由於早死，避免了牽連。

15、閨中之秀

謝玄很崇拜姐姐謝道韞，張玄也常稱讚自家妹妹，兩人為了自家姐妹分個高低常爭得面紅耳赤，互不相讓。便讓一位與謝、張兩家都有交往的尼姑來評判，尼姑講了一句十分經典的評語：「王夫人（謝道韞）神情散朗，故有林下風氣。顧家婦（張玄妹）清心玉映，自是閨房之秀。」兩人都覺得滿意。

16、奈何蒼生

謝安早年在東山隱居，後來卻出仕，標榜清高的名士們都對他這種不能從一而終的行為感到不齒。在他上任餞行宴會上，中丞高崧就藉著醉意，調侃起謝安：「您多次違抗朝廷的旨意，在東山上無憂無慮地躺著，大家常說，謝安不出來做官，他是怎麼看待天下百姓的呢？如今（您出來做官了）天下百姓又是怎麼看待您的呢？」謝安一時語塞，說不出話來。

17、坐山望獄

庾亮自恃有太后撐腰，自己握有兵權，肆意打擊異己。庾亮就設計歷陽太守蘇峻，設法奪其兵權，堅持徵詔他入朝為大司農。蘇峻決定擁兵自守，抗拒詔命。他對朝廷使者說：「既然上面說我要造反，難道還有活路？我寧願在山頭上望監獄，也不能在監獄裡望山頭。過去國家危如累卵，非我不行。現在狡免既死，獵犬當烹。但我一定要向陰謀者報仇。」

18、誤盡蒼生

王衍容貌清明俊秀，口才出眾。他早年去拜訪名士山濤。山濤對他的誇誇其談深感憂慮，感嘆了很久。王衍告別的時候，山濤目送他走了很遠，感慨說：「不知道是哪個老太婆，竟然生出了這樣的兒子，以後誤盡天下老百姓的，一定是這個人啊！」 山濤說話也太狠了，貶低王衍，連人家老媽都一起罵了。

19、跟誰裝蒜

盧志在大庭廣眾之下故意問陸機、陸雲兩兄弟：「陸遜、陸抗（陸機爺爺和老爸）是您的什麼人？」陸機馬上回答說：「就像你與盧毓、盧珽（盧志爺爺和老爸）的關係一樣。」盧志滿臉尷尬，一時手足無措。出門之後，陸雲對兄長說：「何必要這樣說呢！他或許真的不了解我們的家世。」陸機嚴肅地說：「我們老爸和爺爺名揚天下，誰會不知道？王八蛋竟敢裝蒜！」

20、周處反譏

晉滅東吳以後，晉軍大將王渾在東吳舊都建業宮中開慶功會，幾杯酒下肚以後，洋洋自得，想在吳國舊臣面前展示一下勝利者的優越感，便說道：「你們的國家亡了，不難過嗎？」這是周處站出來反譏說：「東漢末年天下分崩，三國鼎立，魏國滅亡於前，吳國滅亡於後，好像該難過的不僅僅是我們吧？」曾為魏臣的王渾頓時面紅耳赤。

21、口舌之禍

晉明帝病重，庾亮想了解一下後明帝時代的政治風向，便夜半入宮，被南頓王司馬宗喝住：「你把皇宮內院當成自己家了嗎，想什麼時候進來就什麼時候進來？」司馬宗這句話埋下了禍根，庾亮在明帝臨終前，不停搬弄是非，想除掉司馬宗未果。明帝死後，庾亮姐姐庾太后稱制，新皇帝年幼，庾亮大權在握。半年後，司馬宗被庾亮誣陷謀反，抗拒被殺。

22、難成大器

桓玄除掉司馬道子父子後，剷除完異己，大權獨握，朝中安排滿滿自己的親信，然後自己出鎮姑孰。信心滿滿，明眼人一看下一步就要取代晉室了。就在世人看好他的時候，有一件事顛覆了大家的看法。桓玄在姑孰建造數艘小快船，裡面裝滿古玩字畫。別人納悶，便問其故。桓玄說：「如今時局不穩，早作打算，免得到時手忙腳亂。」眾人一聽便知這人成不了大器。

23、劉淵評人

劉淵志向很高，和別人一起評論古今名人的時候，沒幾個放在眼裡。他說隨何和陸賈只會寫作，對帶兵打仗一竅不通，生在高祖劉邦建國大業的轟轟烈烈歲月卻沒尺寸之功，也不覺得害臊。再說周勃、灌嬰，不過匹夫之勇、目不識丁，在文帝劉桓當政的美好時光也不知道推廣一下文化事業，典型蠢材一對。在劉淵心中，歷史風流人物再多，還是今朝的人最厲害啊。

24、反對虛無

眼看整個社會道德觀不斷下滑，到處瀰漫著浮華和墮落。裴頠對那些名士派頭徹底厭惡和失望透頂，這些人，一天到晚除了縱酒鬥嘴，不做正事，還占據高位，不但對社會輿論導向達不到正面引導，而且好多人以他們為偶像，追隨他們。這樣下去，這個社會徹底沒救了。於是裴頠針對性的寫了一篇文章〈崇有論〉，希望能夠糾正社會風氣。可惜單靠一篇文章，就扭轉乾坤，未免太不現實。他的文章猶如泥牛入海，沒有多大迴響。

孝行　二十四

魏晉以來，政局多變，要求忠義，對人們就勉為其難了，令大家無所適從，同時也會對新統治者自找麻煩，所以整個社會的主流價值觀和意識形態核心就是「孝」，也許是社會主旋律的大力弘揚，當時社會上湧現一大批孝行模範人物，成了後世學習的楷模。

宋徽宗〈文會圖〉

1、臥冰求鯉

王祥字休徵，琅琊（今臨沂）人，生母早逝，後母是個虐待狂，冬天吵著要吃魚，大冬天河面結冰，怎麼捕到魚呢？王祥只能臥在冰天雪地裡，流著淚水祈求蒼天，這時奇蹟發生了，冰面迸裂，鯉魚跳了出來，他拎了回家。後母看凍不死他，只好作罷。

2、王祥守李

王祥家有一株李樹，結的李子很好吃，繼母讓他守著李樹，不准李子掉下來。有時候颳風下雨，王祥擔心李子掉落，守著李樹哭泣。後母看這樣整不死他，竟然夜裡提刀來暗殺，剛好王祥起床上廁所，行刺落空。王祥發現後，就跪在後母面前：「娘，妳殺了我吧，只要妳照顧好爹和弟弟。」那一刻，後母良知被喚醒了，此後將王祥視如己出。王祥後來由於孝行被朝廷徵用，位至三公。

3、搤虎救父

虎口救人，這不是傳說，歷史上真的發生過，而主角是一個年僅十四歲的小女孩。楊香，晉朝人，跟隨父親到田間割稻，忽然竄出一隻猛虎，將楊父撲倒叼走，楊香手無寸鐵，為救父親，不顧自己的安危，跳上去用盡力氣，狠很搤住猛虎的咽喉。老虎急得喘不過氣來了 ，最後無奈只好將人丟下，逃走了。為了親情，危難時刻，人會迸發無限能量，事後連自己都覺得不可思議。

4、李密陳情

李密，字令伯，犍為武陽（今四川省樂山市）人。很小的時候父死母嫁，是在奶奶的撫養下長大，邊照顧老人邊自學，學問非常淵博。泰始三年（西元 267 年）晉武帝慕名，多次下詔他為太子洗馬。這時，老奶奶已經九十六歲，李密不忍丟下，便寫了一封奏疏給武帝，辭語懇切，委婉動人。武帝看了，為李密一片孝心所感動。為嘉獎他孝敬長輩的誠心，賞賜奴婢兩人，並指令當地政府，發給他養老補貼。

5、恣蚊飽血

吳猛，晉朝濮陽人，八歲時就懂得孝敬父母。家裡貧窮，沒有蚊帳，每到夏夜，蚊蟲叮咬使父母不能安睡。吳猛便赤身坐在父母床前，任蚊蟲叮咬而不驅趕，擔心離開自己去叮咬父母。想蚊子吸飽了自己的血，便不會去叮咬父母，孩童的想法多麼單純天真，但他有顆對父母摯愛的童心，為了孝順父母，不惜自虐，真令人感動啊，那時候要是有了蚊香該有多好。

6、王戎至孝

王戎、和嶠同時失去親人，兩人都是以孝行而出名，都悲傷萬分。消息傳到晉武帝耳中，他便對劉毅說：「你常去看望他們兩人嗎？聽說和嶠悲傷已經超出了禮法要求，真令人為他健康擔憂。」劉毅說：「和嶠守喪雖然禮數俱到，但精神沒受到重創，而王戎由於傷心過度，瘦得剩下一把骨頭了。因此陛下更該為王戎擔憂。」看人不應該只看表面功夫，而是看他是否發自內心。

7、手植松柏

山濤母親去世時，已經年過七十，母親出殯後，他親自為母親墳頭背土堆墳、親手種植墳頭松柏，絲毫沒有因為自己年紀大了，就懈怠對母親的孝心。

8、焦飯遺母

陳遺非常孝順。陳媽媽喜歡吃鍋巴，陳遺在郡裡做主簿的時候，每逢煮飯，就把鍋巴留下來，帶回去給母親。後來孫恩造反侵入吳郡，內史袁山松馬上要出兵征討。這時陳遺已經累積到幾斗鍋巴，來不及回家，便帶著鍋巴隨軍出征。雙方在滬瀆開戰，袁山松戰敗，軍隊潰散，陳遺靠鍋巴躲過了劫難。真是孝心必有善報。

9、跪親吮瘡

咸和八年，成漢武帝李雄後腦勺舊瘡發作，流出腥臭的膿水。李雄幾個兒子聞到味道都捏著鼻子躲得遠遠地，只有姪子李班衣不解帶、晝夜伺候在李雄身邊，親自用口吮吸膿水，讓李雄在重病中得到莫大寬慰。李雄臨死傳位給李班，只是仁厚孝子很快就死在李雄兒子手裡。

10、王褒絕仕

王褒父親王儀被司馬昭冤殺後，一想起老爸就心痛，隱居起來傳授學業，任憑朝廷和州府再三徵召，他一概拒絕。他在父親墳旁建茅廬居住，早晚攀著柏樹悲哀號哭。他讀《詩經》，每當讀到「可憐父母心，生我多辛勞」時，總是要再三流淚，王褒家境貧苦，他計算著人口食用耕種，度量著身材養蠶製衣。謝絕餽贈，拒絕援助。學生們偷偷地幫他割麥，他就把麥子扔了。他一直到死都沒有去作官。

時尚　二十五

唐 孫位〈高逸圖〉(局部圖)

追逐時尚是人的天性，儘管古人沒有網路媒體，沒有背後操盤手，但追求時尚蔚然成風，熱情一點不輸給現代人，簡單說晉人的時尚就是鬥雞、玩樗蒲、戴假髮、穿時髦衣服（這個古今不變），當然不限於此。

1、鬥雞成風

晉朝時，各種娛樂活動中，鬥雞蔚然成風，有單鬥、有群鬥、有限時的、也有不限時的。尤其是群鬥的時候，場上群雞撕撲啄跳，場外觀眾吶喊，場面十分壯觀。鬥雞鬥的是體力，鬥的是智慧，因為雙方要下注，所以就有人作弊，方法是在雞脖塗狐狸血，讓對方聞味膽怯，還有就是武裝爪牙，在雞爪裝上鐵器，這招太卑鄙了，因為一旦被發現後果很嚴重，所以用的人少。

2、洩憤殺鵝

在晉朝鬥禽中，鵝無疑是重量級選手，鵝本性相對更好鬥，那場面鬥起來更血腥、更刺激。桓玄小時候就喜歡鬥鵝，常和一群叔伯兄弟一起玩鬥鵝，可是他的鵝不爭氣，總是敗北，令他臉上無光，心中憤憤不平。於是趁著夜色，衝進兄弟們養鵝的柵欄，全部殺光。天亮後，家人看見狼藉的鵝屍，驚恐不已，不明死因。只有叔叔桓沖笑道：「一定是桓玄這小子做的好事。」正所謂桓玄發飆，殃及鵝群。

3、樗蒲盛行

樗蒲是從西域傳入一種棋類遊戲。在晉朝極為盛行，博戲中用於擲採的投子最初是用樗木製成，故稱樗蒲。由於擲具係五枚一組，故又叫五木之戲。它們可以組成六種不同的排列組合，也就是六種彩。其中全黑的稱為「盧」，是最高彩，四黑一白的稱為「雉」，次於盧，其餘四種稱為「梟」或「犢」，為雜彩。共有梟、盧、雉、犢、塞，這五種排列組合。擲到貴彩的，可以連擲、或打馬、或過關，雜彩則不能。

4、禁止樗蒲

樗蒲玩法太過於精妙，晉朝時上至皇室，下至民間，全民痴迷。晉武帝和貴妃胡芳玩樗蒲，兩人為爭子，胡貴妃情急之下把武帝的手都弄傷了。這種社會風氣，在各個階層瀰漫開來，軍營中也流行玩樗蒲，以至於影響士氣，導致軍隊戰鬥力下降。名將陶侃下令嚴禁在軍中玩樗蒲，有違反者，樗蒲沒收扔到江中，本人處以鞭笞。看來玩物喪志是真的啊。

5、流行假髮

晉朝時，婦女間非常流行戴假髮。假髮髮型主要以十字型為主，由於假髮珍貴，而且比較重，平常放在架子上，有重要活動才戴上。由於市場需求很大，常常供不應求，市場上貨源短缺，價格一路攀升。東晉名臣陶侃沒發跡前，家境貧寒，有一次有客人來訪，家裡窮得連飯都沒有，他母親便剪掉頭髮讓他賣掉，用來招待客人。由此可見當時假髮業是何等熱賣。

6、時代款式

晉朝時人們很愛追求那種飄逸、灑脫的審美，這一點也反映在當時的服飾上。晉朝士人都峨冠博帶、寬袍大袖，清風吹來，衣袂飄飄，活似神仙中人。女為悅己者容，婦女們為了滿足這種審美需求，也在服飾上下足功夫。當時最流行的女款衣服是上衣很窄，突出線條美，刺激感官，下身裙裳一體，格外寬大，與上身形成強烈反差。

7、刀兵頭飾

女人對美的追求是無窮無盡的，真可謂「撼山易，撼女人愛美之心難」，而且女兒家對美不斷創新，賦予時代特色。如果西晉時，你走在洛陽大街上，頭上還帶著漢式髮笄，一定會被笑你很老派，當時最時髦的頭飾叫「五兵珮」，即用金銀做成的小小兵器，諸如斧鉞槍戟等樣式。後來發生八王之亂、五胡亂華之後，悠久古老的「紅顏禍水論」有了新的注腳，那就是這些戰亂都是由於女人們頭戴刀兵引起的。

德行 二十六

德是做人的根本，行是處世的準則，高尚是品德標竿，信義是做人的基礎，學會感恩，從點滴做起，從身邊做起，做一個有德行的人其實並不難。古人為我們做出了表率。

1、生死離別

晉武帝伐吳，吳國丞相張悌、諸葛靚率軍 3 萬渡江接戰，大敗於板橋。吳軍全面崩潰，諸葛靚拉著張悌一起走，說：「存亡自有氣數，你一個人支撐的了嗎？」張悌流淚說：「我早年被你家丞相諸葛瑾所賞識提拔。我常常怕死得沒有意義，辜負了名賢對我的提攜。我今天以身殉國，還有什麼可說的呢！」諸葛靚於是就流著淚放開手，走了一百多步遠，回過頭去看張悌，他已經被晉兵殺了。

2、范粲守節

邵陵厲公曹芳被廢後，太宰范粲滿懷哀傷，身穿白衣服為他送行。以後，稱病不出門、裝瘋不說話。他睡在自己的乘車上，腳不踩地。子孫當中如果有婚姻、作官的大事，家人總是悄悄與他商議，他如果表示同意，臉色就沒有變化，如果不同意，睡臥就不安穩，他的妻子和兒子由此知道他的想法。范粲總共三十六年沒說話，在他八十四歲的時候，死在他睡臥的車子上。這也活得夠壓抑委屈了。

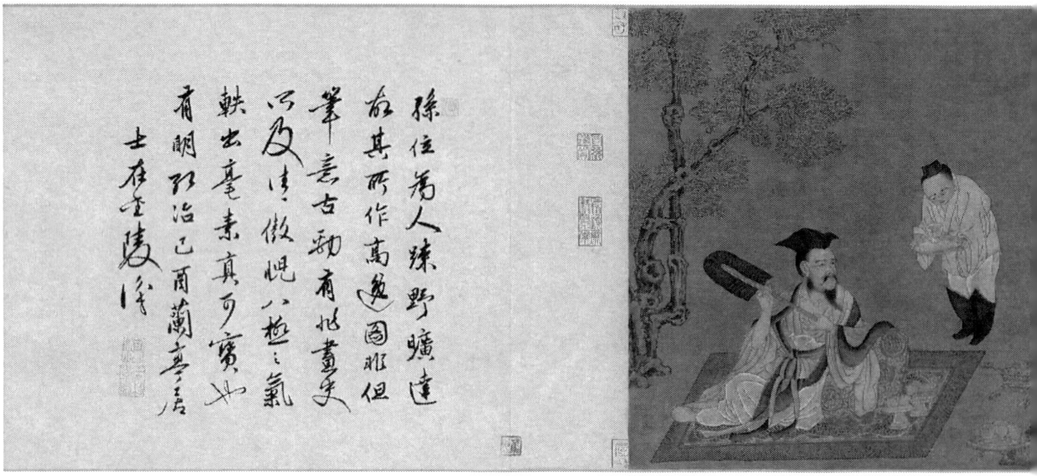

唐 孫位〈高逸圖〉

3、拒絕合作

吳國滅亡後，諸葛靚躲藏起來不露面。晉武帝與諸葛靚有舊交，知道諸葛靚躲在他姐姐那裡，就去那裡見他。諸葛靚逃進廁所躲著不見，晉武帝又強行見他，對他說：「沒想到今天又見面了！」諸葛靚流淚說：「我無法做到往身上塗漆，把臉上的皮刮下來，又見到了聖上您的面容，我實在是又愧又恨。」晉武帝下詔書任命諸葛靚為侍中，諸葛靚堅決推辭不接受。後來諸葛靚回到了家鄉，一生也沒有面朝著晉朝廷的方向就座。

4、伯仁由我

王導之兄王敦叛亂，他跪宮前請罪。剛好周顗路過，便求周顗替他求情，小聲說：「伯仁（周顗字），我全家性命靠你了！」周顗沒理他。面對皇帝，力保王導沒問題。出來時，王導急切問：「託您的事，怎麼樣？」周顗依然不理，還佯說：「殺盡叛賊，升官發財。」後來王敦贏得

了戰爭，便秋後算帳，周顗被殺時，徵求王導意見。王導恨周顗沒為他說情，保持沉默。後來，王導發現周顗求情的談話紀錄，非常負疚，痛哭說：「我雖然沒有殺伯仁，但是伯仁卻是因為我才死的啊！」

5、鄧攸重義

鄧攸，字伯道，平陽襄陵人。永嘉末年，被石勒俘虜。石勒嚴禁夜間點火，有個胡人夜間失火燒毀了車子，胡人栽贓鄧攸所為。鄧攸無法爭辯，索性回答是因弟媳溫酒不小心著火。石勒賞識他的才華，赦免了他。事後胡人很感動，於是到石勒那裡自首，澄清鄧攸無辜，後來暗中送給鄧攸牲畜，同時也贏得了諸多胡人的敬重。

6、割捨骨肉

鄧攸攜家人逃亡途中遇賊人，掠走了牛馬，只好徒步行走，擔上挑著兒子和姪子。他感到不能保護兩個孩子，便對妻子說：「弟弟早亡，留下這個兒子，不可以絕後，只好丟棄自家兒子。如果有幸能夠存活，我今後應當有子。」妻無奈，哭泣著答應放棄自己的孩子。然而兒子早晨遺棄，傍晚就會趕上來。實在沒辦法，第二天鄧攸把兒子綁在樹上離開了。都是親情，大難臨頭，如何取捨，可見一個人的道德。

7、郗鑒吐哺

郗鑒，字道徽，高平金鄉人，遭永嘉之亂，家裡窮得連飯都沒有，常帶著姪子郗邁和外甥周翼到鄉鄰家吃免費的飯。但那年頭，大家日子過得都很緊，時間久了，鄉親們只好說：「我們家裡都在挨餓，因為敬慕你的賢德，扣牙縫賙濟你，現在再加上兩張嘴，難啊！」此後郗鑒吃飯時，把飯含在腮幫子，回家吐出來餵兩個孩子。郗鑒去世時，周翼擔任剡縣令，聞訊後，辭職回家為舅舅守孝三年。

8、知恩圖報

劉寶，字道真，年輕時，常到草澤獵魚，他擅長用口哨吹小曲，聽的人流連忘返。有位老婦人，也喜歡他吹的口哨，殺隻小豬送他吃。劉寶吃完小豬，卻無道謝。老婦人以為沒飽，又送一隻小豬。劉寶只吃一半，剩下的退給老婦人。後來他擔任吏部郎，老婦人兒子任職位低下的令史，劉寶就越級任用他。令史不解，母親告知原委。於是令史帶著牛肉酒食去拜見，劉寶只說：「快走吧！我已經沒有什麼可再回報你母親了。」

9、降本節支

陶侃，字士行，心思縝密，生性節儉。任荊州刺史時，下令船官收集製造船剩下的木屑，大家都覺得未免太小題大作了。後來冬天下完雪，積雪溶化，官府路面泥濘易滑倒，陶侃便讓人把鋸木屑撒在地上，防止路面打滑。陶侃又命令官用的竹子要留下粗厚的竹子頭，堆積如山。後來桓溫伐蜀，竹子頭都用來當作造船的竹釘。為官就要從點滴小事有節約成本概念，陶侃堪為楷模。

10、嵇紹喋血

晉惠帝時發生戰亂，嵇紹跟隨惠帝，出兵迎戰於湯陽，結果戰敗，嵇紹為保護惠帝，中箭死於他身旁，鮮血濺皇袍。晉惠帝雖然智商低下，但還是有感情的，手下想幫他洗去血跡，他說這是嵇侍中的血，不要洗掉。歷史往往和人開玩笑，當初嵇康為司馬師所殺，其子嵇紹卻為了保護司馬師的後代喋血沙場，不知嵇康如果地下有知，要做何感想。

11、阮裕焚車

阮裕，字思曠，陳留尉氏人。阮裕在剡縣做官，有一輛豪華座駕。無論誰來借用，他都會借。有一次，有人因葬母親需要用車，但大概考慮用人家名車去做送殯車不合適，不敢開口。這件事後來傳到阮裕耳裡，便嘆口氣道：「我雖然有車但世人不敢來借，要車又有什麼用呢？」於是把那輛車燒毀了。阮裕老兄真是率真的可愛啊，換了今天你在人家名車上劃個傷痕試試。

12、不違初志

殷仲堪擔任荊州刺史時，境內鬧水災，平常只吃便當，有時飯粒散落到盤席上，都要撿起來吃掉。這樣做固然是想為人表率，但也是由於他本性純樸。他還常對子弟們教導說：「不要認為做了高官，我就放棄艱苦樸素的本色。安於清貧，是讀書人的本分，怎麼能登上高枝就拋棄了根本呢？你們要記住這些話！」家庭教育是一切教育的起點和基礎，殷仲堪在飯桌上及時開始家庭教育，這種模式很不錯。

13、身無餘物

王恭從會稽回來，老叔王忱去看望他。順便想從大姪子手裡要點會稽土產，見到座上有六尺長的竹蓆，便對王恭說：「你從東邊來，有這種東西應該不少吧，可否拿一張送給我。」王恭沒有答話。王忱前腳剛走，王恭立刻把自己坐的那張竹蓆送了過去，自己坐在草墊上。後來王忱聽說了這件事，很吃驚，對王恭說：「我本來認為你有很多，所以才向你要的。」王恭回答說：「你老人家不了解我，我做人從來不帶多餘的東西。」

14、臨終善言

人之將死，其言也善，這話用在賈后老媽郭槐身上很貼切，老太太一生奇妒無比，老了倒良心發現，常勸女兒善待皇太子司馬遹（非賈后生），還時常訓斥外孫賈謐，這傢伙從來不拿太子當回事。郭槐還為賈家做長遠計畫，想把賈謐的妹妹許配給太子當太子妃，這樣就算太子以後登基了，也不會為難賈家。當時太子司馬遹自己也想娶賈謐的妹妹鞏固自己的地位。可惜賈后把老媽臨終遺言當耳邊風，結果後來死得很慘。

15、石勒報恩

石勒早年淪落為奴，辛虧有個叫郭敬的財主供他吃喝，才撿了一條命。後來石勒和乞活軍李惲交戰，得勝後俘虜了不少戰俘。準備把他們全活埋了，卻意外在俘虜中發現了恩人郭敬，石勒當時悲喜交加，馬上獻上衣服車馬，拜郭敬為上將軍，由於心情好，準備活埋的數千人也被免死，讓郭敬統領。石勒雖然是殺人不眨眼的魔王，但也懂得知恩圖報。

16、散盡千金

王敦在平定趙王司馬倫的叛亂中，功勛卓著。晉惠帝復辟，任命王敦為左衛將軍、侍中，兼青州刺史。王敦是晉武帝襄成公主的駙馬爺，公主出嫁，帶來一大批陪嫁丫鬟和大量金銀珠寶當嫁妝。王敦把她們許配給軍中士卒，然後將金銀珠寶放在屋簷下，任由取拿，自己瀟灑的坐了一輛便車回到洛陽。

17、既往不咎

咸和三年（西元 328 年）六月，陶侃率軍東下平叛。由於庾亮逼得蘇峻叛亂，所以大家以為陶侃一定拿庾亮人頭來祭旗。庾亮急得團團轉，要不是溫嶠攔住，他就跳河自殺了。溫嶠帶著庾亮到陶侃營帳謝罪，看到跪在腳下風度翩翩的庾亮，陶侃一時感慨萬千，隨即寬恕了他。之後在宴席間，他還不忘調侃一下：「您當初大修石頭城來防我，卻沒料到現在來求我辦事了。」

18、遺孤逃生

有個叫王安的羯人，在亂世年間為了混口飯吃，在祖逖那裡做僕役，祖逖宅心仁厚，待他不錯，後來又贈送他盤纏去投靠石勒，王安一直感念在心。後來祖逖之弟祖約率家人叛逃石勒處，被石勒滿門處死，王安冒險將祖逖的遺孤救出，藏身寺廟，待其成年後，潛回東晉，祖氏香火因有王安而不絕。善惡有報，此話不假。

19、手足情深

晉安帝司馬德宗，是個吃飯不知飢飽，睡覺不知顛倒，就是連著一口氣，百分之百的活死人。幸好弟弟琅琊王司馬德文對這位笨哥哥不離不棄，侍候吃喝拉撒，毫無怨言。從司馬德宗被拉上皇位做為裝飾後，年僅十歲的司馬德文全天候照顧他，害怕別人下毒，每頓飯嚐後才餵給笨皇帝。在爾虞我詐，人情冷漠的皇家，像司馬德文這樣手足情深的確罕見。

20、攜民逃命

羌人姚襄雖然身為異族，但無民族歧視，平常很體恤各族民眾，所以在五胡亂華那些帝王中，他絕對是個例外。深受中原父老愛戴，後來桓溫率兵北伐，姚襄戰敗逃命，好多中原父老非但沒有倒戈迎接南方來的王師，反而扶老攜幼跟著姚襄一起逃竄，不離不棄。後來傳聞姚襄傷重身死，百姓無不哭泣。老百姓心中有一把尺，一估計便知你的分量，煽動民族情緒是沒有用的。

21、危難顯高潔

殷仲堪被桓玄打敗後，手下都作鳥獸散，唯有羅企生一人追隨他。路過自家門口時，弟弟羅遵生拉他下馬，希望他看在老母面子上不要跟著殷仲堪殉死。後來殷仲堪被殺，殷仲堪昔日那些部屬紛紛改換門庭，投靠桓玄。唯獨羅企生默默為故主殷仲堪處理後事。面對公然對抗，桓玄放話說：「如果羅企生當面向我道歉，我可以考慮放他一條生路。」羅企生捎話回去：「身為舊屬，我為沒有救下殷公而羞愧，但對桓公沒什麼好道歉的。」於是被殺。

22、推心置腹

陳敏作亂占據江東地區，陶侃與陳敏是同郡老鄰居，又同年出來為官。隨郡內史扈懷對陶侃上司荊州刺史劉弘挑撥說：「陶侃任大郡太守，統領強兵，倘若有異心，荊州就失去東大門了！」陶侃聽到後，派兒子陶洪和姪子陶臻到劉弘那裡當人質，劉弘委任陶洪兩人為參軍，發給路費讓他們回去，說：「你們叔叔要打仗顧不上家，你們祖母年紀大了，需要人照顧。村野匹夫互相交往，都講求信用，何況大丈夫呢！我絕對相信陶侃的忠心。」劉弘這叫疑人不用，用人不疑。

嘲弄　二十七

嘲弄也是一種藝術，但要是沒掌握好分寸，或者技巧不高明，自取其辱，就顯得很沒水準。

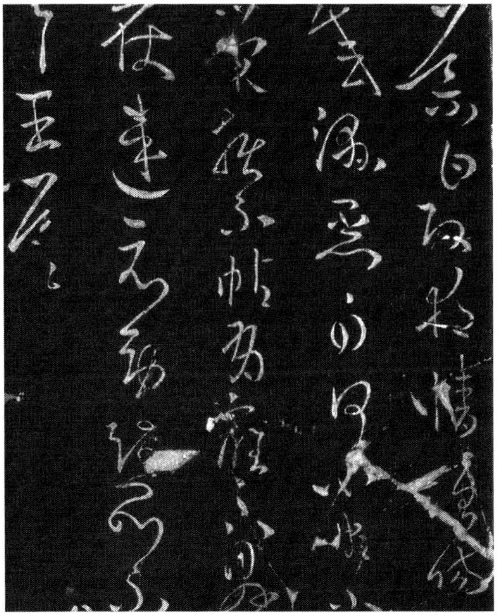

王導〈改朔帖〉

1、自討沒趣

賈充在晉朝取代曹魏的過程中扮演了不光彩的角色，使魏帝曹髦死於非命。晉朝滅吳後，吳主孫皓被俘，晉武帝對孫皓說：「朕設此座已待卿久矣！」孫皓也不示弱說：「我在南方也為你留了個座。」賈充想當眾斥責孫皓讓自己長長威風，便斥問：「聽說你挖眼睛、剝人皮，這是什麼名目的刑罰啊？」孫皓滿臉不屑，對賈充說：「人臣有弒其君及奸滑不忠者，則加此刑耳。」賈充聞言，知道孫皓話裡有話，滿臉羞愧。

2、揭瘡疤

賈充主謀刺殺魏帝曹髦一事是他的舊傷疤，但老是被人揭發。某次同僚聚會，河南尹庾純喝開了，與賈充爭吵，賈充斥責說：「你老爸生病，你卻貪官位不歸家奉養，真是不忠不孝之人！」庾純冷笑道：「請問高貴鄉公（即曹髦）現在在哪裡！」你跟我講孝，我跟你說忠。賈充氣得沒話說，但也無可奈何。

3、玩笑惹的禍

後趙太子詹事孫珍在朝會休息空檔和侍中崔約閒聊說：「我眼睛老是癢癢的，有什麼辦法可治療嗎？」孫珍眼窩深，崔約藉機開玩笑說：「人尿包你痊癒。」孫珍當真說：「人尿怎麼可能治眼病？」崔約取笑說：「您眼窩深可盛尿啊。」說完便哈哈大笑，本來是句玩笑話，孫珍卻懷恨在心。後來藉故向太子石宣誣陷崔約，殺了崔約父子。所以開玩笑也要看人，千萬別和小人開玩笑，否則後果不堪設想。

避諱　二十八

帝王們為了彰顯自己高高在上，不准老百姓說和寫他們名字或者忌諱的事情，只能用其他字詞來替代，面對這種蠻橫霸道，一般百姓除了遵從還有什麼辦法呢，因為弄不好說錯了，那可是要砍頭的事情。

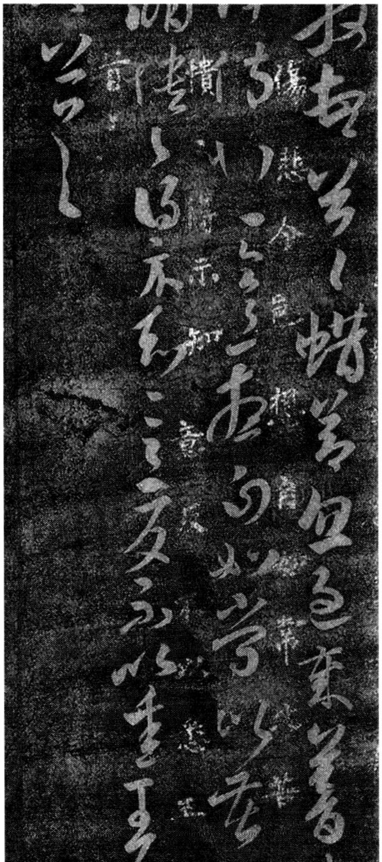

王敦〈蠟節帖〉

1、苻生忌殘

前秦厲王苻生，先天缺陷，是個獨眼龍，忌諱「不足」、「不具」、「少」、「無」、「缺」、「傷」、「殘」、「毀」、「偏」等詞，妻妾臣僕若不小心說出有關殘缺的詞，苻生常以為譏笑他眼瞎，便處以死刑。左右因此而被截脛、刳胎、拉脅、鋸頸死者不可勝數。每逢苻生不上朝時，大臣們就互相慶賀，恭喜大家多活了一天。可見生理殘疾的人，往往也是性格扭曲，以摧殘他人為樂。

2、黃瓜來歷

後趙太祖石勒是羯族人，稱帝後，嚴禁稱羯族人為胡人。言談若出現「胡」字，斬不赦。某次，他看到襄國郡守樊坦穿著破衣服，便問是怎麼回事，樊坦沒好氣答道：「胡人把衣物都搶去了，我只好襤褸來朝。」隨即感到自己犯禁，便叩頭請罪，石勒見他知罪，便指一盤胡瓜問：「卿知此物何名？」樊坦看出是故意考問，隨機應變道：「金樽甘露，玉盤黃瓜。」石勒聽後，滿意地笑了。此後，胡瓜便被改稱做黃瓜了。

3、建康由來

晉愍帝司馬鄴，武帝孫，初封秦王，駐長安。懷帝遇害後，被群臣擁立為帝，時年十五歲。當時天下分崩離析，深陷劉漢包圍中的司馬鄴幾乎用哀求的語氣讓人在江南司馬睿來勤王，司馬睿接詔後做了一番表面文章，說是為了避司馬鄴的諱，把建業（今南京，孫權在此建立孫吳，故名）改為建康，但也僅此而已，為了保留自己實力，坐看長安淪陷也沒發一兵一卒。

4、溫酒而泣

桓玄父親是桓溫，按照當時人習慣，身為子女談話要避開父親名諱，所以當他聽見別人說溫酒時便忍不住哭泣，表示聽見了父親的名諱而不孝。

5、耶耶乎文哉

王彧之子王絢，聰慧異稟，六歲的時候，外祖父何尚之教他讀《論語》。讀到「郁郁乎文哉」一句時，「郁」、「彧」同音，需要避諱，何尚之故意戲謔地說：「這句可以讀成『耶耶乎文哉』。」（蜀人呼父為耶。）王絢回答說：「長輩的稱呼，怎麼可以隨便戲謔呢？『草上之風必偃』也可以讀成『草翁之風必舅』嗎？」（「上」跟「尚」同音；偃，何尚之的兒子 —— 王絢的舅舅名「何偃」。）何尚之被小外孫一句話堵住說不出話來。

6、醉胡闖宮

石勒忌「胡」字，有一次，皇宮守衛隊隊長馮翥當值，一名醉酒羯人騎馬闖進宮來，石勒大怒，要治他的失職罪，馮翥惶恐之下，忘了忌諱，失口說：「醉胡騎馬太快，我對他喊話示警，那個羯胡也沒聽懂我說的話。」剛說完，馮翥突然發現犯了石勒的忌諱，急忙叩頭請罪。石勒看他窘態笑了，說：「和胡人說話的確比較麻煩。」一笑釋然。

7、平北將軍

王恭為人甚有才幹，朝廷授他為「平北將軍」，說來蹊蹺，晉朝將軍官職中帶「北」字的都不得善終，「北」猶如詛咒，官場都很忌諱「北」字，因此王恭抵死不接受。沒辦法，朝廷改授王恭為「前將軍」。

卜巫　二十九

古代有一群人，他們號稱是未來預言家，自稱透過占卜看卦等手段大至可以預測政局走向、農時氣象，小至婚嫁遷宅等等，至於其預測準確度可以透過各種方式自圓其說，局外人沒有解釋權，自始至終雲裡霧裡。

1、王敦無成

西晉末年，荊州將軍王敦欲謀反，請郭璞卜筮吉凶，郭璞告訴他「無成」，王敦又問若起事的話，自己能夠活多久？郭答：「明公起事，必禍不久。若住武昌，壽不可測。」告訴他不可以起兵造反，方可命久。王敦大怒，問道：「你能活多久？」郭璞算了一下自己的命，說道：「命盡今日日中。」果然盛怒之下的王敦當天就把他殺了，是年，郭璞 49 歲。王敦起事後兩個月不到，戰敗憤惋而死，一一都被郭璞說中。

2、武帝卜祚

晉武帝剛登位的時候，用蓍草占卜，算一下晉朝帝位能傳多少代，結果得到答案為一。難道就傳一代？武帝很鬱悶，群臣也嚇得臉色發白，沒人敢出聲。這時，侍中裴楷站出來道：「臣聽說，天得到一就清明，地得到一就安寧，侯王得到一就能做天下的中心。」武帝一聽，非常高興，群臣都私下豎了一下拇指，還是裴楷這小子會圓場。

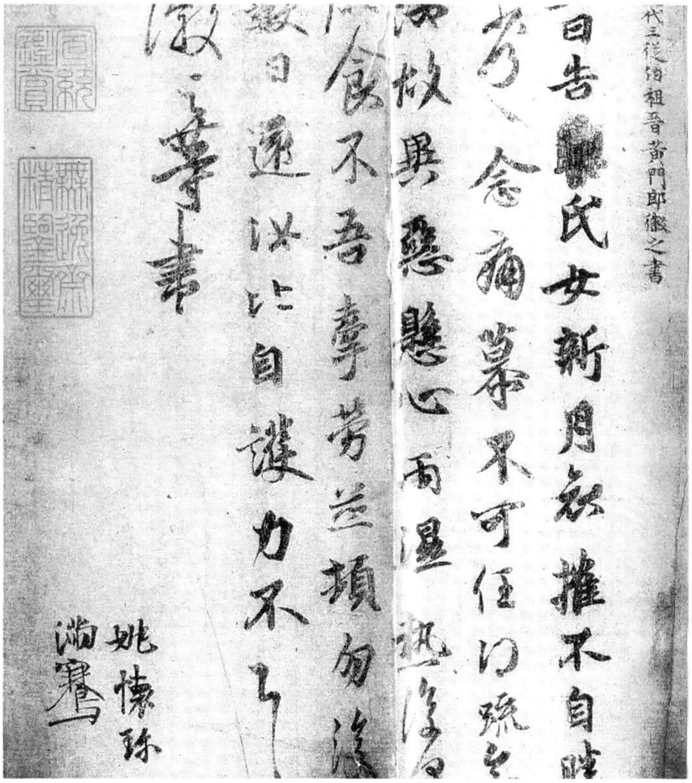

王徽之〈新月帖〉

3、趙侯審鼠

趙侯年輕時喜好各種法術，他長相醜陋，身高不到數尺。他在盆裡盛滿水，唸唸有詞，水中漸漸出現魚群在跳躍。他家有段時間老鼠猖獗，常來偷吃他的白米，趙侯披頭散髮地操起刀，在地上畫一座地獄，四面是門。他朝東吼叫幾聲，一大群老鼠都趕到了。唸咒語道：「凡是沒偷的過去，偷吃的給我站住！」共有十幾隻老鼠站住了。他便將其剖腹查內臟，果然肚子裡還有白米粒。

風水　三十

風水又稱作堪輿，主要是指宮殿、住宅、村落、墓地的選址、座向、建設、擇日等方法及原則，其核心觀念是人與自然的和諧。風水簡單來說就是選個好地方，在此居住，或者埋葬於此，能助人事興旺，可使後代升官發財。不管你信還是不信，歷來總是有些人對風水堅信不疑。

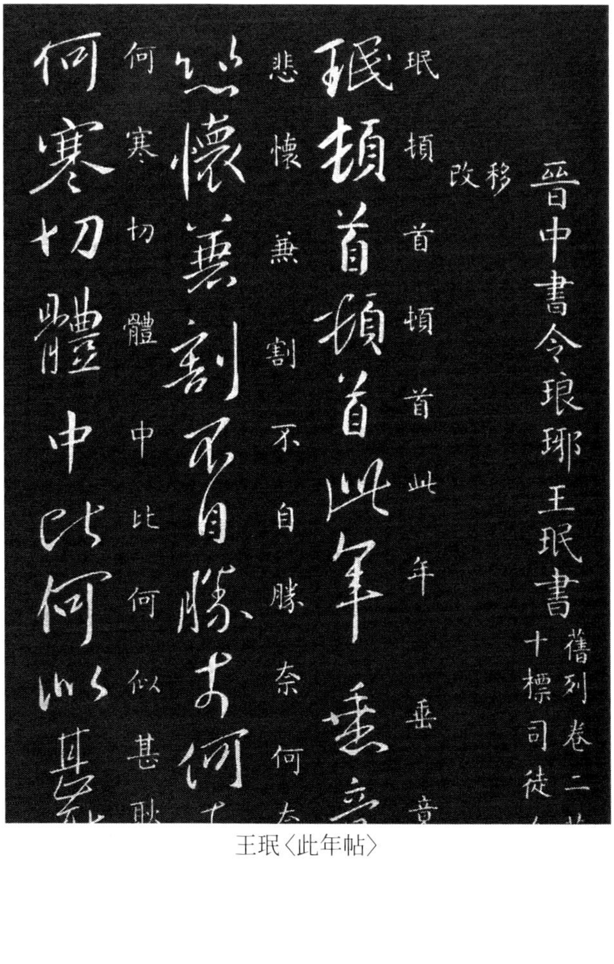

王珉〈此年帖〉

1、牛眠之地

東晉名將陶侃幼年喪父，居喪期間發現牛不見了，逕自去找，路逢一老翁，說他家的牛在山崗一處水窪地，此地乃風水寶地，將家人埋葬在這裡，後代必富貴不可言。後果如老翁所言，陶侃在一窪地找到自己的牛，便將父親葬在那裡。後來陶侃步入仕途，一路平步青雲，最後官至刺史，為一方大員。由於陶侃發跡於牛眠之地，因此「牛眠之地」在後世成了風水寶地的代名詞。

2、郭璞鑿井

郭璞，字景純，河東聞喜人，晉朝風水大師。某年，他路過杭州塘棲鎮，適逢大旱，當地河流斷流了，老百姓四處打井，但都打不出水來。百姓們急得焚香，祈求上蒼。郭璞決定幫打一口好井。經過探勘，選定運河南岸東廡三郎祠廟前的一塊空地作為井址，並且自掏腰包請人打井。這口水井不久便出水了，水味醇略帶甘味。井離塘河不遠，但神奇的是井裡的水位比塘河水位高處六尺多。喝水不忘挖井人，為了紀念郭璞的大恩大德，百姓們便將此井稱作「郭璞井」。

3、郭璞選墓

郭璞生前為自己找了一處風水寶地，祕密叮囑家人自己死後，埋在那裡，可保佑後人發達。郭璞被王敦殺害後，家人根據遺願，私下將其靈柩拉到婺源南山村，悄悄地葬在靈古洞口處。後來，郭璞之子郭驁被封為臨賀太守，都說是因父親墳地風水的好處。

符瑞　三十一

每逢朝代更迭，江山易色之時，大造輿論是必不可少的，為了凝聚人心，統一價值觀，證明自己統治的合法性，同時因勢利導，說明自己是老天爺的紅人，做出一些稀奇古怪的東西或者傳言（比如童謠什麼的），當然這個敵我雙方都可以利用，至於其效果如何，也就因時而異了。

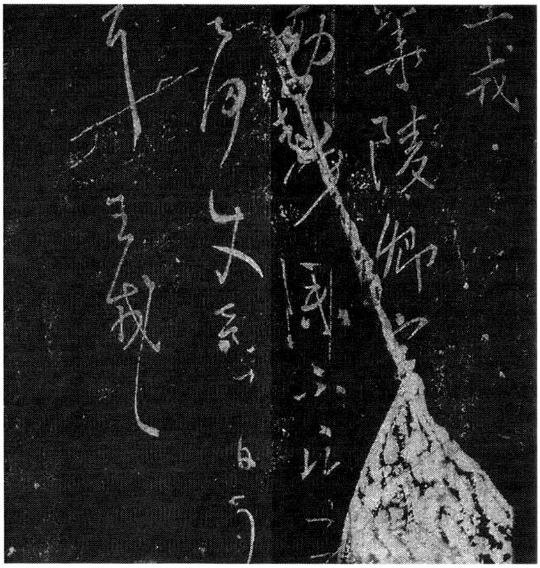

王戎〈華陵帖〉

1、皇亡趙昌

前趙劉曜時，終南山山崩，發現一塊有「皇亡，皇亡，敗趙昌」字樣的白玉，大臣們拍馬屁說，老天這是宣示劉曜死對頭趙王石勒快完蛋了。唯有中書鑑劉均進諫說：「『皇亡，皇亡，敗趙昌』，意思是皇室將被趙消滅，趙因此昌盛。我們大趙現在建都長安，石勒據有真正趙地（現在河北一帶），『趙昌』之言，應指的是石勒，不是我們。」劉曜聞言很掃興，但表面上表示以後一定謙虛謹慎，戒驕戒躁。沒過幾年劉曜果然被石勒消滅。

2、石獸夜行

石虎好符瑞，有人投其所好說，平陵城北虎狀巨石，夜間自己走到城東南角，路上有千百條狼狐的腳印隨行。石虎聽後非常高興，說：「石獸不就是我嗎？自城北走到東南，老天預告朕當蕩平江南，等到明集結軍隊，朕當親率六軍討伐江南，以符天意！」群臣狂拍一陣馬屁，石虎高興地忘乎所然。但以後的事實告訴他這是個謊言。

3、草付應王

苻洪字廣世，略陽臨渭（今甘肅秦安）的氐族酋長。據說他家池中蒲葉長十幾公尺，大家覺得好奇，便叫他家為「蒲家」，他也索性以「蒲」為姓。後來蒲洪官拜征北大將軍，都督河北諸軍事，冀州刺史，廣川郡公。當時流傳讖文說：「草付應王」，剛好孫子蒲堅天生背上有「草付」兩字，蒲洪便改姓「苻」，稱大將軍，大單于，三秦王。

服飾　三十二

兩晉之際，崇尚老莊，玄學為時尚，褒衣博帶是社會的主流服飾。穿著要覺得輕鬆、自然、隨意，光身穿寬大外衣為時髦，同時五胡亂華，各種胡人的衣飾元素也不斷吸納，相互影響，有些人以穿胡服為風潮。

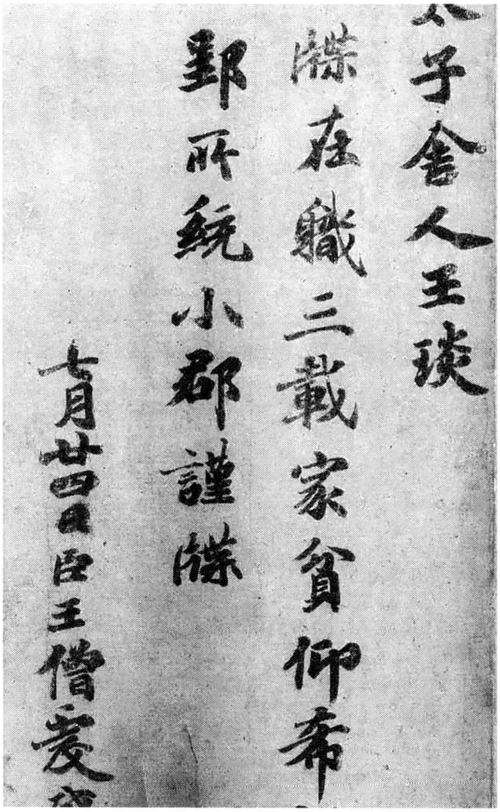

王僧虔〈太子舍人帖〉

1、如此工作鞋

晉朝法律規定，街頭小販上街叫賣時，頭巾上必須註明所賣商品及姓名，腳上穿上特定工作鞋，一隻腳穿白色鞋，另一隻腳穿黑色鞋。如果不按照規定著裝上街，對不起，城管在那裡等著罰款。這種工作服，一看就是瞧不起底層小商販，明顯的職業歧視。

2、皇帝禮帽

皇帝身為國家元首要出席各種禮儀活動，當然少不了禮帽，禮帽叫做冠冕，以晉武帝為例，他的冕包括冕板和冕旒。冕板寬約十六公分，長約二十八公分，前圓後方，前後垂有十二串珊瑚製成的冕旒。其實際形象可參見閻立本〈歷代帝王圖〉中的晉武帝畫像。

3、皇帝休閒帽

皇帝也是人，不能總是戴著刻板的禮帽，那東西戴著也不自在，所以生活中，還是要穿休閒帽。實際名字叫遠遊冠，大概取意外出旅遊休閒帽之意。遠遊冠的款式可參考東晉顧愷之〈洛神賦圖〉。

4、皇帝制服

晉朝皇帝出席朝會、祭天等重大活動時要穿天子制服，學名叫袞服，實際樣式是上襦下裳。上面繡的花紋圖案有日、月、星辰、山、龍、火焰等。皇帝除了正式制服外，還有根據出席場合不同而穿的相應正裝：比如祭祀賢聖時穿皂紗袍、朝會時穿絳袍、弔唁大臣或祭拜祖陵時穿單衣。看來皇帝這工作真的不好做，就穿衣服這一項就夠繁瑣了。

5、官員制服

晉朝時政府官員的制服，隨著季節變化服色也變化（難道暗示他們都是變色龍），春天為青色、夏天為硃色、季夏（即夏末，指八月）為黃色、秋天為白色、冬天為皂色，稱作五時朝服。西晉時官員制服由朝廷免費發放，但到了東晉，國家財政吃緊，只提供部分制服，其餘的官員們需要自掏腰包購買。

6、辦公用具

晉朝官員們參加朝會議事需要攜帶一些辦公用具，包括笏、白筆、綬帶、印章、鞶囊。笏是官員上朝記事用的手板，材質有竹、木、玉、象牙、犀角等，只有尚書令、僕射及各部尚書才有資格在笏配有白筆，通常插在耳後，綬帶和印章連在一起放入鞶囊中，這些辦公用具起初是具有一定的實用功能，隨著時間推移，成了官員服飾的裝飾品，象徵身分地位。

7、佩劍

晉朝從天子到官員上朝都要佩劍，不過他們都沒有實際格鬥功能，因為他們材質不是金屬，而是木劍，僅僅是一種裝飾品，從劍柄的裝飾來區別等級，包括玉、近、銀、玳瑁等裝飾物。

8、百姓便服

相對朝廷服飾的繁縟，晉人市井百姓的衣服比較簡單，但並這不影響勞動人民的審美，在款式上也是花樣翻新，尤其是隨著五胡內遷，他們的服飾在漢人中間也颳起流行風潮，大家紛紛仿效，而漢朝以來的服飾也還在民間延續，典型的有襦，襦就是一種短外衣，如果掛上內裡，填上棉絮，則稱為棉襦。

9、單衣

晉朝時有種袍子叫單衣，也叫做蟬衣，顧名思義，它是沒有內裡的很薄，是一種官民皆宜的服飾。蘇峻之亂後，國庫空虛，庫中只有幾千段練（一種像苧布的稀疏的織物），而這種東西又賣不出去，王導於是發動當時一些公眾人物帶頭穿用練做的單衣，名人效應很快發揮作用，民間紛紛仿效，穿起練做的單衣，練的價格一路高漲，供不應求。王導替朝廷賺回了一大筆錢，暫時緩解了錢荒。

10、假鐘

假鐘，一種斗篷，無袖，可以直接從頭上套在身上，因形狀像鐘，故名。多在北方流行，騎馬時穿上它可以抵禦風沙，又行動方便。

11、晉代皮草

晉朝時，無論南北都流行皮草，不同的是北方人多出於禦寒，南方多用來裝酷。皮草服裝原料取自於獸皮，也有飛禽羽毛，比如雉頭裘、孔雀裘等。如果很寬大，則稱作鶴氅裘，東晉時名士王恭喜歡穿著鶴氅裘在雪地裡耍帥，遠遠望去，猶如神仙臨凡，被人稱羨不已。

12、褲子的變遷

漢魏以前，褲子的褲腿與襠部是分開的，並未連在一起，主要發揮護膝作用，而許多窮人是穿不起褲子的。北方的游牧民族終年與馬為伍，穿窄衣緊袖，必須穿合襠褲，不然騎馬會磨破屁股。晉朝時隨著胡人的不斷內遷，他們的穿衣習慣開始在中原傳播，中原人也開始穿起合襠褲。

13、褲褶

晉朝時軍人穿一種很拉風的褲子叫褲褶，這種褲子類似現在的喇叭褲，褲管比較寬，褲腿逐漸收緊。試想一下數千士兵齊上陣，褲腿一起搧動，那絕對能將地上的塵土掃得乾乾淨淨。一邊行軍，一邊除塵，所過之處，塵土漫天，氣勢軒昂。

14、靈蛇髻

女人愛美之心古今亦然，晉朝婦女們也不例外，她們在髮型上下足了功夫，花樣不斷翻新，推陳出新，比較流行的髮型有墜馬髻、靈蛇髻、流蘇髻、偏髾髻等。靈蛇髻還有個美妙傳說，據說魏文帝甄皇后根據宮中一條靈異的綠蛇身姿創新的，有很多花樣，可以每天不重複。難怪她備受寵信，不斷創新的髮型，百看不厭啊。

15、首飾

古代婦女首飾是裝飾品，也是身分地位的象徵。那可不是亂戴的，質地、原料、花紋、樣式、數量多寡都有嚴格的規定，要是違反那可是要砍頭的僭越之罪。晉朝皇后首飾有十二鈿、步搖、大手髻等。公主貴妃用七鈿、嬪妃及公夫人用五鈿、命婦三鈿。另外首飾還包括簪子、蔽髻、綬帶等。

16、民間女裝

晉朝女裝款式很多，主要有襦、襖、衫、兩當、抱腰（肚兜）、帔（披肩）、裙等。晉朝民間服裝既有地域特點，也有時代特色。西晉時中原地區女裝上儉下豐，不喜歡腰蓋裙。東晉江南流行齊腋短衣，下身長裙。富貴人家長裙曳地（浪費得起布料），窮人家女性裙子則比較短（穿不起啊）。

17、假髮

晉朝婦女流行戴假髮，當時假髮很繁縟，稱作假頭，比較重，戴著頭上很吃力，通常裝在首飾箱內，參加重大社交活動或者出來逛街時才拿出來戴上。窮人家是買不起假髮的，便被稱作無頭，實在需要戴假髮出席怎麼辦，只有去向別人借取，稱作借頭。

18、燕支粉

就像目前婦女喜歡韓國化妝品一樣，晉朝婦女也迷戀進口貨，一種來自西域叫燕支粉的化妝品非常熱門，深受當時婦女們的歡迎。燕支粉從植物提煉而成的，純天然，綠色環保，品質有保證，把它敷在臉頰，使皮膚白皙紅潤、豔光照人。當時流行一句廣告詞：「購買化妝品，請認名燕支派，讓你非常有面子。」

19、晉人鞋類

晉人鞋子種類很多，根據功能和材質分為履、屐、屩、靴四種。履是正式禮儀用的鞋子，上朝祭祀時官員必須著履；屐是木質休閒鞋；屩為藤草編織的旅遊鞋；靴是一種從胡人引進的新款式，它用皮革製成，保暖又耐用。

20、穿鞋特權

任何人都有穿鞋的權力，總是不能光著腳出門，但在古代特定場所穿鞋也是一種特權，一般人是沒有資格穿鞋。比如官員在朝見天子，在宗廟祭祀先祖，都不能穿鞋，只有幾個權臣有資格穿鞋參加，比如晉朝王導，因功勛卓著，特許可以腰間佩劍，穿鞋上殿。

21、晉朝休閒鞋

屐是一種木質鞋，用鞋帶繫在腳上，鞋底有凸出部分稱作屐齒。男款木屐為方頭，女款為圓頭，晉惠帝時男女款式都變成方頭。屐是一種居家休閒鞋，不能穿著它參加正式場合，就像現在不能穿著拖鞋去開會一樣。如果當時新娘出嫁穿木屐，則將木屐漆成彩色，鞋帶換成五彩繩。

22、多功能旅遊鞋

屩是一種用麻、草、藤等製成的輕便鞋，由於造價低廉，備受晉朝背包客們的歡迎。同時這種物美價廉的旅遊鞋也被許多勞工當成工作鞋。後來又被採購用作軍鞋，就算是士族參軍，也必須扔掉自己貴族身分的履，穿上屩，真是一款多用途的好鞋。

城建　三十三

兩晉時期，出現了許多大城市，規劃已經有較大規模，具有時代特色，尤以西晉首都洛陽為最，武帝太康時人口達到七十萬，同時當時玄學盛行，佛教的傳播，也對城市建設產生不同程度的影響，而頻繁的戰亂對城市也造成很大破壞。

1、洛陽布局

洛陽在東漢末年被董卓焚燒，魏晉在原址上重建，在城市北部中軸線營建宮城，廢棄了原來東漢宮室舊址。在西北角修建了堅固的金鏞城，作為全城的制高點，它後來成為皇家監獄，見證了西晉的興亡。在宮城周圍建有官署和王公大臣的府邸。將市區劃分為好多「里」，類似現在社區，居住大量百姓，「里」設里吏，類似現在的基層員警，掌管社區治安。

2、物流中心

洛陽作為首都，居住大量人口，衣食住行需要大量消費，既然少不了大型貨物物流中心。西晉時洛陽有三個大的貨物物流中心。一個在城中，位於宮城西面，稱作金市，主要負責皇家和城裡權貴的供給。另外在城外有兩家，分別稱作東市和南市，其中東市又是著名的馬匹交易市場。西晉覆滅後，這種行之有效商貿布局，又被複製到東晉首都建康。

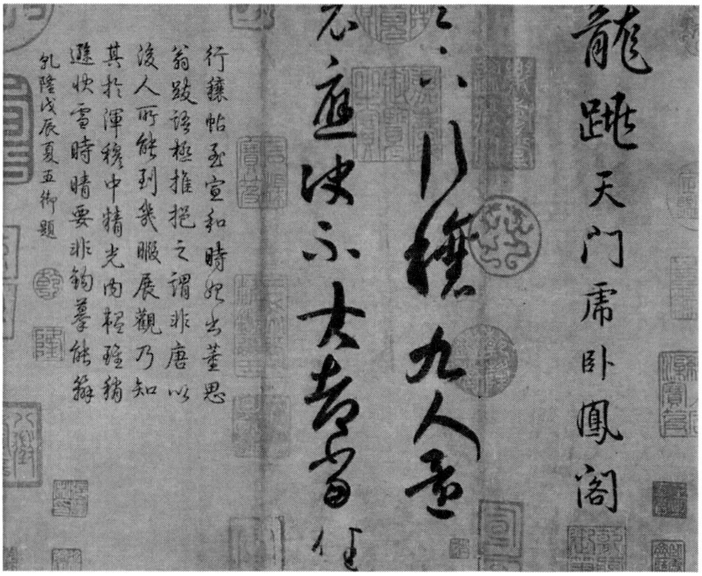

王羲之〈行穰帖〉

3、供水系統

晉朝時洛陽背依邙山、南臨洛水，氣勢不凡。市區南北九里，東西六里，呈不規則的長方形。

環城有護城河，河寬十八到四十公尺不等。護城河有一支流在城西閶闔門附近流入市區，還有一支流穿越金鏞城從城北大夏門入城，依次按照地勢流出，注入城東護城河。為城區提供了供水和排水系統。

4、首都交通

作為首都，晉朝洛陽交通可謂四通八達，橫穿宮城的東西大道寬五十一公尺，宮城南部的銅駝大街寬四十公尺。這些主幹道分成三部分，中間稱作御道，只供皇帝一人使用，御道兩側築約一公尺高的土牆。首都也非常重視綠化工作，道路兩側種植榆樹和槐樹，當夏日炎炎時，走在其間，是何等愜意。

5、京城衙門

洛陽作為京城，皇城周圍，當然有很多衙門。在宮城東西兩側，分布著大大小小的官署，包括太僕寺（皇家座駕管理中心）、乘黃署（皇家司機培訓中心）、太倉署（糧食儲備中心）、導官署（皇家糧食供給站）、司農寺（高層官員專用糧食供給站）、鉤盾署（皇家後勤中心）、典農署（農業部）、籍田署（戶政事務所）以及河南尹官署（洛陽市政府）。另外洛陽城南銅駝街也是有很多官署，如左衛府、司徒府、護軍府、太尉府等。

6、高檔社區

洛陽作為首都，寸土寸金，有個叫永和里的社區絕對是高層菁英住的。這裡居住的都是達官顯貴、社會成功人士，門前停滿雙 B 名車。該社區建設絕對是全洛陽最講究、最有品味的。社區內處處綠樹成蔭、遍載名貴樹木，豪宅比比皆是，極盡奢華。這片社區的屋主有太傅錄尚書事長孫稚、尚書右僕射郭祚、吏部尚書邢巒、廷尉卿元洪超。還有一些像涼州刺史尉成興這樣的地方官員為了和京官聯絡感情，也在這裡置產。

7、重複建設

石勒攻入鄴城後，放火焚燒城內宮室，將曹魏以來數代經營的宮殿焚燒殆盡。舊的宮殿燒了，但新貴們畢竟不能睡馬路，也要住奢華宮殿。怎麼辦？重修，而且比前朝的還要壯麗奢華。石虎即位後，繼續大興土木，還派人去洛陽將晉朝皇宮的銅鑄九龍、翁仲、駱駝搬到鄴城回收再利用。統治者們一邊破壞，一邊建設，只是苦了許多勞工，服傜役沒完沒了。喊不完的呼聲、流不完的血淚。

8、窮家難當

東晉建立之初，百廢待興，國力疲弱。無力大舉城市建設，蘇峻之亂後，建康宮室、宗廟破壞不少。儘管國庫沒錢，但朝廷的面子比什麼都重要。必要的表面功夫還是要建設的，工程論證會上，大家不斷爭議。最終在太元三年（西元 378 年），由謝安拍板，營建新宮，但一切開支務必堅持勤儉節約原則。同時在宮牆附近栽植大量樹木，進行綠化。沒錢只能以環保、綠色的名義建設，窮家難當，謝安也太不易了。

9、統萬城

匈奴人赫連勃勃趁西晉末年混亂之際崛起，建立匈奴人唯一的城市統萬城。城牆修建的異常堅固，刀砍斧劈根本沒用。不過固如金湯的城池並沒有支撐多久，赫連勃勃建立的大夏國不過十餘春秋而已。北魏太武帝拓跋燾路過統萬城看到奢華宮殿感慨說：「一丁點大的國家，把百姓整死了，想不完蛋也難啊！」

10、正常民居

儘管秦漢時已經將磚瓦用於建築，然而在晉朝能夠用得起磚瓦的還是少數權貴和富商，大多數老百姓的住家還是以茅屋為主。就算是有些官員也不見得住得起磚瓦房，東晉會稽內史孔愉在職三年，由於市區房價太高買不起房，只好在山陰湖南侯山下蓋了幾間茅屋。

11、庭院構造

晉朝時正常民居，包括客廳臥室。廚房通常設在東面稱作東廚，另外廁所常和豬圈連在一起，節能環保，循環利用。

12、佛寺

佛教自東漢明帝時傳入中國，在晉朝時已經在全國傳播，在洛陽、建康這樣大城市都有大規模的佛寺，佛寺有雄壯的佛殿、巍峨的佛塔、大量的僧舍，除了僧人外，當時寺院還接待一些貴族和遊客信徒，當時的好多名士也和僧侶交往密切。佛寺除了宣揚宗教，為信徒們提供宗教服務外，還達到旅遊觀光、文化交流的作用。

狷介　三十四

兩晉時期，社會上層充滿虛偽和偽善，用名教禮法來束縛人性，有些士大夫滿懷才華，卻得不到施展，內心苦悶，只有透過老莊思想尋找精神慰藉，他們行為乖張、荒誕，大玩行為藝術，只有這樣才能舒緩內心的痛苦。他們之中最典型的屬「竹林七賢」及其追隨者。

1、劉伶交友

劉伶，字伯倫，沛國人，醜矮集於一身，長相實在很抱歉，走在大街上有礙觀瞻。但他性格豪放，做事不拘小節，語言幽默風趣，待朋友夠義氣。平常沉默寡言，但和嵇康、阮籍這些朋友，一見面話匣子打開就收不住，聊個幾天幾夜都不知道疲倦。真是酒逢知己千杯少，談話投機恨時短。

2、天體愛好者

劉伶是狂熱的天體愛好者，經常脫光衣服在屋子裡走來走去，自我欣賞。有一次，有人來拜訪，只見他拎著酒壺，對著鏡子自我欣賞。來人驚嚇，遇到暴露狂了。劉伶滿臉不屑地說：「天地是我的屋子，廳堂是我的褲子，老兄你沒事跑我褲子裡幹嘛啊，想騷擾我，做人不能像你這樣啊，來人血噴滿地。」

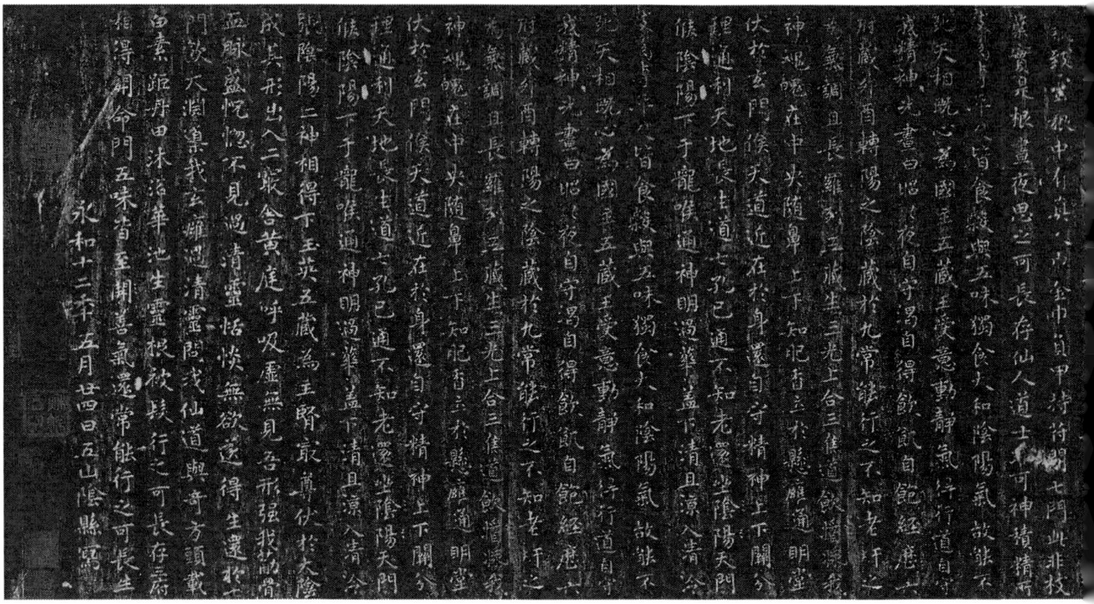

王羲之〈黃庭經〉

3、陳屍行殯

松柏樹在古代是栽種在墳頭的樹木，忌諱在家裡栽種，張湛卻在書齋前栽種松柏樹。袁山松行為乖張，每次外出遊玩，都要叫隨從唱送人出殯的輓歌，弄得街坊們都以為他死了。當時人們稱道：「張湛在房下挺屍，袁山松在路上出喪。」

4、絕不逞強

劉伶有一次喝醉了酒，在大街上發酒瘋，惹惱了一個路人。路人決定教訓一下這個酒鬼，讓他知道擾亂社會秩序的後果，當他舉起拳頭時，劉伶的酒嚇醒了一半，便撩起衣服，給那個人看，由於劉伶長期喝酒，瘦得只剩下一把骨頭。劉伶說：「老兄啊，你那拳頭像缽盂，我這小

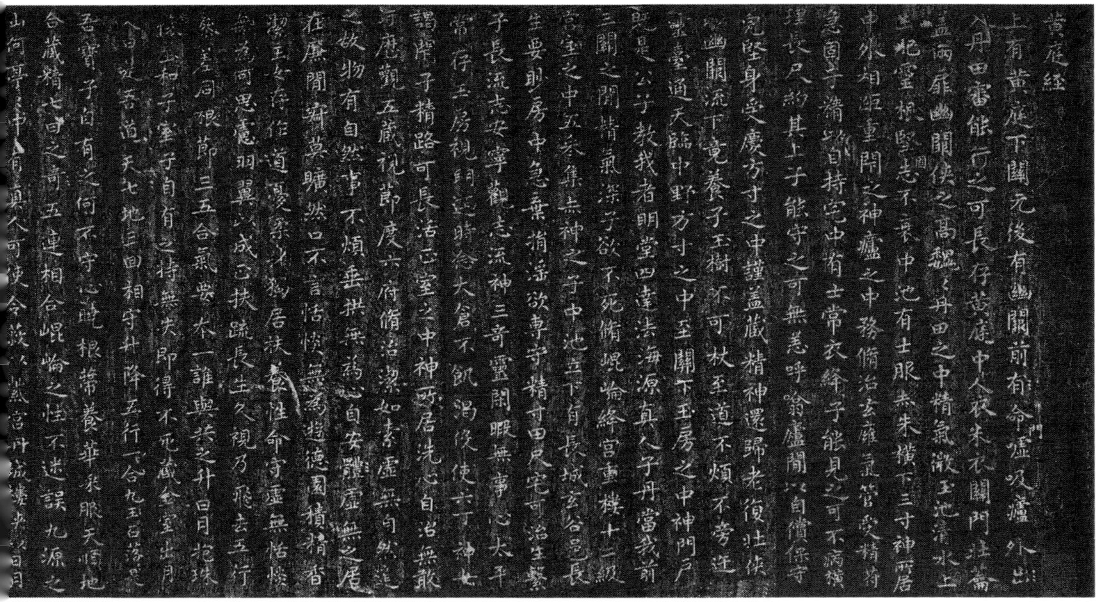

雞肋骨，你往哪裡放啊！」那個人忍俊不禁，笑了出來，就不好意思再打他了。

5、留下種子來

阮咸字仲容，西晉陳留尉氏人，為人放誕不拘禮法，母喪期間，姑姑帶著一個婢女來奔喪，這個婢女姿色動人，阮咸心旌搖曳，於是趁姑姑休息期間，和她胡天胡地。喪事一結束，姑姑帶著婢女走了，走到半路，只見阮咸喪服未脫，騎馬追了上來，死纏爛打，求姑姑把那個婢女給他，回到家裡逢人說：「我可不是硬要她，就是我們老阮家的種子不能亂丟呀！」

狷介　三十四

荒唐　三十五

荒唐之事每年有，唯有晉朝何其多，倫理顛倒，荒謬的邏輯，還說得振振有詞，令人忍俊不禁。

1、姪孫上皇

晉惠帝永寧元年（西元 301 年）春正月，趙王司馬倫派人逼晉惠帝「禪位」。司馬倫以兵士「護送」惠帝至皇家監獄金墉城，尊惠帝為「太上皇」，可笑的是，按輩分司馬倫是惠帝的爺爺輩，稱自己姪孫為太上皇，虧他講得出口。大概為了過一次皇帝癮，司馬倫早把自己那張老臉拋諸腦後了。

2、張燈撈蝦

劉聰攻陷洛陽、擒獲晉懷帝之後，信心極度膨脹，為政昏聵，誰勸酒就殺誰。他常常去郊遊，常早出晚歸，在外夜宿，讓人在汾水邊上張燈結綵，河邊亮如白晝，河裡魚蝦看見燈光便浮出水面，劉聰與後宮美女在河邊戲謔，打魚撈蝦，現場燒烤，玩得不亦樂乎。

3、一帝數后

自古以來，帝王後宮嬪妃如雲，但合法正妻皇后只有一位，漢主劉聰決定打破這個慣例。皇宮內的大太監們見劉聰迷戀美色，紛紛收取美女做乾女兒，之後這些閹人乾爹們又把乾女兒們獻給劉聰，劉聰於是設立上皇后、左皇后和右皇后，造成「三后並立」這種一帝數后的荒唐事蹟，可謂空前絕後。

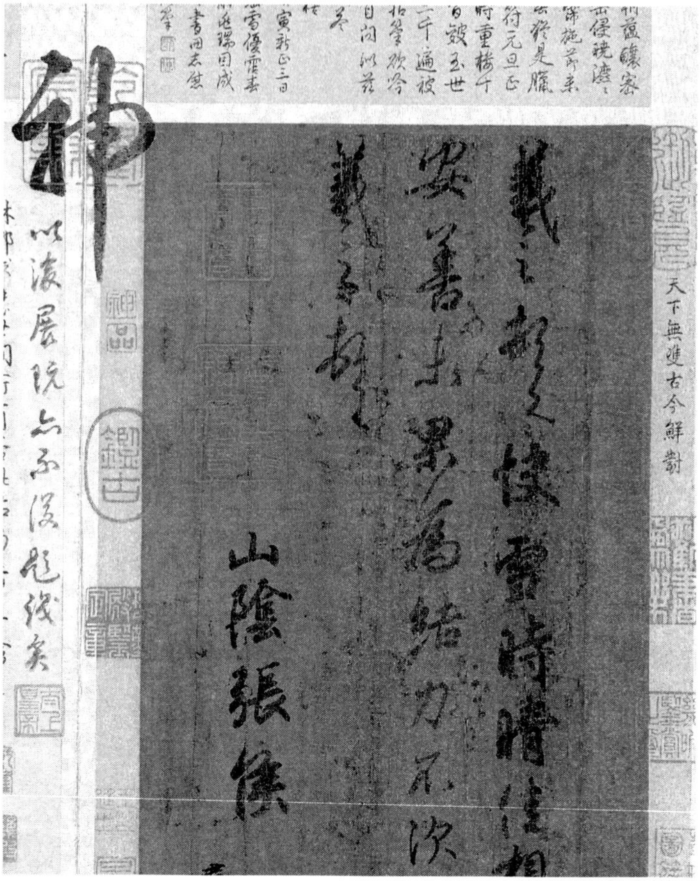

王羲之〈快雪時晴帖〉

4、喝酒被俘

劉曜好貪杯中物，和石勒決戰洛陽，這樣生死存亡的關鍵時期，他仍飲酒數斗。臨陣前，他的戰馬不知何故，倒在地上站不起來。情況緊急，一時找不到好馬，劉曜只好騎了一匹馱運隊的小馬迎敵。上陣前，他還不忘喝酒。喝得醉醺醺的劉曜怎麼禁得起石勒進攻，大敗潰逃，結果他騎的小馬跑不快，栽倒被俘。劉曜真是要酒不要命的人。

5、苻堅顯靈

苻堅被姚萇殺害後，族孫苻登稱帝，苻登發誓為苻堅復仇。他在軍中豎起苻堅神主牌，在戰爭打響前，他都到苻堅神主牌前致祭，然後發表戰鬥動員演說。士兵們無不為他慷慨激昂的演說感動的熱血沸騰、痛苦流涕，懷揣深仇大恨奔赴戰場，打起仗來勇猛無比。姚萇被打得落花流水，他認定苻堅在顯靈神助，於是他也在軍中刻苻堅木像神主牌祈禱，實在荒唐，試想苻堅果真地下有知，怎麼會幫助殺害自己的凶手。

6、芝麻充飢

殷仲堪和桓玄交戰，殷仲堪地盤由於連遭水災，倉庫裡糧食都用來救災了，結果軍隊都沒飯吃。沒辦法，好在還有點芝麻，可以做飯給軍隊們吃。芝麻榨油拌菜很好吃，但用來當飯吃就不好吃了。由於芝麻含油量很高，士卒們吃了紛紛拉肚子，一上戰場爭著跑茅廁，大大降低了戰鬥力。殷仲堪遂很快被桓玄打敗。

7、短命王侯

桓玄稱帝後，劉裕密謀討伐桓玄復辟晉室。同謀者有何無忌和劉毅。劉毅聯絡其兄竟陵太守劉邁，沒想到此人膽小如鼠，無膽造反，趕快向桓玄檢舉揭發。桓玄聞訊後，吃驚之餘，為了表彰劉邁大義滅親，封他為重安侯。可是第二天，他覺得這樣和劉裕徹底鬧翻還是不妥，便殺了劉邁，以示對劉裕的信任，可憐劉邁連侯爺的椅子都沒坐熱，就腦袋搬家了。

8、音樂培訓班

南燕主慕容超是個音樂愛好者，打算弄個皇家樂團，可惜南燕境內大多游牧民族出身，普遍文化素養低下。他覺得東晉境內百姓懂詩書禮樂，便派人發兵攻打東晉淮北的宿豫城，掠奪數萬男女。然後從中擇優選拔兩千五百名少男少女到教坊司學習音樂。看來音樂也會使人瘋狂，不過慕容超也太生猛了。

9、迷信到家

吳人刁玄偽造讖文說：「黃旗紫蓋，見於東南，終有天下者，荊、揚之君。」吳主孫皓當真了，他全副儀仗，車上載著太后、皇后以及後宮幾千人，從牛渚向西出發，一路浩浩蕩蕩。途中遇到大雪，天氣寒冷快要凍死人，兵士們凍得受不了，都氣憤的說：「如果遇到敵兵，我們就倒戈。」孫皓聽後害怕了，便返回了。晉武帝當時已經派義陽王司馬望率中軍二萬人、騎兵三千人在壽春，孫皓幸虧撤退了，不然差點就被活捉了。

10、最後稻草

孫皓眼看晉軍快打到家門口了，病急亂投醫，任命一個從前線逃下來的軍官陶浚迎敵，加「持節」、「假黃鉞」，這些虛假不實的東西現在變得不吝嗇了。陶浚也看不清真相，官迷心竅，高興得笑嘻嘻的。等他回到軍營準備慷慨陳詞，號召大家誓死報國的時候，卻發現士兵們早已跑得一個不剩，沒辦法只好回去報告孫皓。孫皓眼看最後一根稻草都倒了，便打定主意投降晉朝。

11、尷尬時刻

晉軍伐吳戰爭一路凱歌，情勢一片大好的情況下。朝廷有些主和派卻在此時覺得應該見好就收，就此收兵。只有張華堅持，一鼓作氣滅掉吳國。這時代表皇帝在襄陽前線的賈充居然也凸槌，向司馬炎報告：「吳國能不能拿下還是未知數，現在江南開始流行瘟疫，應該馬上撤軍，張華叫囂戰爭，應該將他腰斬。」賈充的幾個同夥也鼓譟司馬炎殺張華。就在雙方爭執期間，前方傳來捷報，吳國投降了。那一刻賈充臉像醃牛肉一樣紫紅。

12、押錯寶

滅吳結束之後，照理要論功行賞。可是王渾和王濬卻開始爭功，王渾說他總攬全局排程有方，理所當然應第一；王濬說老子第一個殺入建業的時候，你還在長江邊上看風景，哪門子第一。晉武帝心裡清楚，但為了顯示上級尊重民意，讓廷尉劉頌依法評判。劉頌大概沒領會上級意圖，想著王渾是皇帝親家，王濬又沒什麼背景。皇帝只不過做個姿態而已，便評定王渾第一，王濬只夠個中功。司馬炎一看，劉頌罔顧事實，蒙騙他人。讓他降職去當京兆太守。劉頌這才回過神來，不領會上級話中含義的後果很嚴重。

13、文物保護者

楊駿召集各位官員商議如何應對賈后。太傅主簿朱振勸道：「應當燒了雲龍門逼迫他們，索要起事者的人頭，打開萬春門，帶領東宮以及外營兵圍護著皇太子進宮，捉拿惡人，宮殿之內上下皆恐懼，必定會將肇事者送來。」楊駿素來怯懦，下不了決心，說道：「雲龍門是魏明帝所造，勞力、耗費非常大，為什麼要把它燒了？」楊駿生死關頭不拿出點氣魄來，卻關心起文物的保存。結果死得很慘。

14、神仙臨凡

齊王司馬冏發起聲勢浩大的造勢活動，矛頭直指趙王司馬倫，眼看刀子就要架到脖子上。司馬倫這個草包亂了方寸，日夜祈禱，希望用詛咒戰勝司馬冏的大軍。然後又讓巫士穿上羽衣到嵩山，打扮成周朝王子喬的模樣，詐稱仙人臨凡，妄言司馬倫的帝位穩如磐石，想以此迷惑眾人。可惜這些騙人的把戲能自欺，卻根本騙不了別人，謊言很快被司馬冏的大刀撕得粉碎。

15、天災丟官

晉朝法律混亂，往往小題大做，輕罪重罰。元康四年颳大風，祖廟宮殿的屋瓦被風颳落了幾片，太常荀寓被追究責任，罷了官。元康五年二月又颳大風，蘭臺主事的官員非常害怕，在房梁屋角之間仔細尋找，找到瓦片略有歪斜的地方有十五處，於是將太常囚禁，打入大牢。後來陵園裡有一枝荊條被砍斷，司徒、太常等官員急得往來奔走，大家競相洗刷自己。如果讓人動輒犯罪，說明法律本身有問題。

16、司馬懿的囑託

趙王司馬倫專權以後還想篡位，但凡事都要有個理由。晉惠帝司馬衷雖然智商低，但這絕不能成為讓他辭職的藉口。有個叫趙奉的牙門（官職）故作神祕的說：「我夢見宣帝（指司馬懿）說應該讓司馬倫即位為帝。」為何不託夢給別人，偏偏給一個不起眼的小人物。這些都不重要，關鍵有了理由。對於這個夢的故事，大家都心照不宣，會心一笑，然後有條不紊開始讓司馬倫上位的準備工作。

對問　三十六

對問，指君臣之間的談話，有時候正式的會議往往拘於形式，都說些官腔客套話，而在一些私下場合，在輕鬆氣氛中，群臣在漫不經心的閒聊中，卻能談出一些發人深思的話題。

1、兩種答案

吳國滅亡後，晉武帝召集高層開討論會，討論主題是孫吳為何亡國。散騎常侍薛瑩說，由於孫皓親近小人，濫施刑罰，人人難以自保，所以亡國；吾彥卻說，吳王才能出眾，輔佐大臣都很賢能，之所以滅亡是天命來電轉接，拋棄了他。晉武帝聽後非常讚賞吾彥。因為前者只是站在技術層面總結，後者卻在意識形態的高度。高下一目了然。

2、惠帝資質

和嶠曾經對晉武帝說：「皇太子恐怕不能辦好陛下的家事。」幾天後，晉武帝對和嶠、荀勖說：「聽說太子近來有了長進，你們去測試一下。」回來以後，荀勖等人都稱讚太子聰明有見識，正如皇上所說。和嶠卻說：「太子的資質和原來一樣。」後來惠帝即位，賈后讓他問和嶠：「你以前說我不理解家事，現在看來怎麼樣呢？」和嶠無奈的說：「我的話沒有得到證實，這是國家的幸運。」

3、自知之明

後趙主石勒在某次招待高句麗使臣外交宴會後，自得之餘，問近臣徐光說：「你看朕與古代君王和誰最像呢」？徐光聽上司發問，便奉承說：

「陛下神武籌謀高於漢高祖，雄才英武可比魏武帝，從古至今，軒轅皇帝NO.1，陛下僅次之。」石勒笑道：「言過其實了啊。人要有自知之明！朕要是遇到漢高祖，就做他的下屬；若遇光武帝劉秀，就和他爭個高低。像曹孟德、司馬仲達父子那樣欺負孤兒寡母，我是不屑為之。」

4、暴君也無奈

石勒死後，太子石弘為人仁慈文弱，當然不是煞星石虎的對手，很快就被廢除殺害。石虎篡位，引起群臣不滿，但攝於淫威，敢怒不敢言。不過西羌大都督姚弋仲不買帳，拒絕出席他的登基大典。還當著面對石虎說：「先帝（石勒）託孤給你，你怎麼就奪了他的皇位？」石虎雖然暴虐，但大概了解西羌的實力，只有沒趣的說：「石弘不堪大任，我只是暫時代勞一下而已。」

5、顧不了太多

梁犢叛亂，老將姚弋仲率八千羌軍至鄴城討敵，後趙主石虎病得半死不活，無力接見，只派人賜御饌給姚弋仲。姚弋仲性格耿直，大叫：「皇上讓我來討賊，現在連面也不見，我是來混吃混喝的嗎？誰知道他是死是活？」石虎無奈強打精神見他，姚弋仲大聲說：「你在幹嘛啊，兒子小時候不好好教育，長大了忤逆暴虐，你就賴在床上。天下大亂，你不憂愁，倒是為一群小賊煩惱，看我滅賊！」石虎此時已是病貓，任由他不顧禮儀直呼「你」，也對他沒辦法。

6、尚未可知

王敦叛亂後，最後經過斡旋，和朝廷達成妥協，下詔大赦，並封王敦為丞相、都督中外諸軍、尋尚書事。驚魂之餘的晉元帝對周顗說：「現在事情告一段落了，我和皇太子也沒出意外，大家應該平安無事了吧。」

周顗由於主張堅決應對王敦叛亂，此刻他心還懸著，便說：「皇上和太子當然不會出什麼事，而我還沒放心哪！」果然後來被殺。

7、性格決定命運

前秦主苻堅平生有雅量，寬容待人，好多英才志士都樂於為他效命，同時像慕容垂這樣陰謀家也潛伏在他身邊。王猛對此很擔心，對他說：「慕容垂出身燕國貴胄，善於籠絡人心，他的幾個兒子個個精明能幹。他志向不可小覷，為免後患，應早日除掉。」苻堅不以為然：「我現在正在廣納人才，殺了他們，顯得不能容人，世人怎麼看我？」由於苻堅過於寬容，後來死在身邊那些潛伏黨羽的手裡。

8、巧思妙答

慕容超靠裝瘋賣傻從姚興眼前溜走了，但他的老媽和老婆還被姚興扣押著。他稱帝後，便派韓范到姚興那裡討回老媽和老婆。韓范和姚興曾在一起共事過，算是老相識了。他想從韓范口裡澄清疑惑：「燕王（指慕容超）此人朕見過，說話顛三倒四，怎麼現在不瘋了？」韓范答道：「那是大智若愚啊。」言下之意是如果表現出來的話還有命嗎？

9、表明態度

後秦主姚興從南燕奪得皇家樂隊，黃門侍郎尹雅拍馬屁說：「殷商將要滅亡，它的樂師跑到周朝。如今大秦強大，燕國的樂隊在廟堂表演，兩國的盛衰一目了然啊。」姚興聽了很高興。南燕使者張華馬上答道：「是福是禍還不一定呢！」姚興聽後很不爽：「春秋時齊、楚兩國使臣鬥嘴導致兩國開戰，你也想發生這種事。」張華一聽馬上低頭說：「我衷心希望兩國友好和睦，但聽見有人侮辱我們國家，總是要表示一下立場吧。」

嗟嘆　三十七

晉朝是個名士輩出的年代，都是感情很豐富的人，再加上戰火連綿，命運捉摸不定。災禍、早死，人在塵世猶如朝露，他們心中充滿了對命運的無奈和傷感，面對歲月的流逝，生死離別，在歷史深處發出千年一嘆。

1、華亭鶴唳

陸機（西元 261 年～ 303 年），字士衡，吳郡吳縣華亭人，文采出眾。常遊於華亭別墅，愛聽鶴鳴叫，成都王司馬穎愛才，重用陸機。後命他討伐長沙王司馬義，陸機知道自己打仗外行，請辭不準。陸機缺乏作戰經驗，損兵折將，大敗而歸。遂遭人誣陷入獄。陸機臨刑嘆道：「欲聞華亭鶴唳，可復得乎？」人力資源要合理配置，秀才領兵，不敗才怪。

2、木猶如此

桓溫北伐，一路征塵，路過金城時，看到早年親手栽種的柳樹，現在已經長成十圍粗壯，感嘆說：「木猶如此，人何以堪！」手撫柳條，不禁潸然淚下。他傷感柳樹十圍已成材，而自己老了卻功業未成。歲月無情催人老，人活著就要趁著年輕奮發圖強，不然歲月很快流失，空有白首之嘆。

3、望壚興嘆

王戎身為尚書令，穿著高層公務員的制服，坐著豪華轎車，路過一家酒吧，搖下車窗，望著深深嘆了一口氣，對身邊工作人員說：「當年我和嵇康、阮籍這些文學界的大老也曾在這家酒吧喝爛酒，在竹林內大玩行為藝術，但他們去世後，我就公務纏身，沒有雅興了，這家酒吧就在眼前，可猶如遠隔山河。」王戎曾經是文學青年，等到一大把年紀，身居高位也不忘裝模作樣煽情一下。

4、新亭對泣

暮春時節，王導周顗等名士常去建康城外新亭郊遊。新亭面臨滾滾長江，臨江遠眺，眾人想起中原淪陷，有點神傷，周顗趁機煽情了一下：「建康的景色和洛陽一樣美麗，只是故國山河不同了！」聽著都唏噓不已，有人落下了眼淚。唯有王導嚴肅地說：「現在國家處在特殊情況，大家應該一起努力，收復中原，怎麼像犯人一樣哭泣呢？」大家認為王導說得好，畢竟是丞相，長官的想法覺悟就是不一樣。

5、追星罷官

野王縣令郭弈是羊祜的死忠粉絲，聽說自己的偶像路過自己的轄區，便親自去迎接，一路全程陪同，不停歌頌羊祜：「偶像就是偶像，常人怎麼比呢！」等羊祜離境時，他親自陪送，不知不覺出了境，當時法律規定，地方官不經同意不得擅離職守，於是郭弈被免職。他還在歌頌羊祜：「偶像跟顏回一比，也不見得比他差。」公費追星丟了飯碗還不悔改，郭弈，真服了你。

6、子猷弔喪

王徽之和王獻之兩兄弟都病重，王獻之先去世了。王徽之在病床打聽：「最近為什麼聽不到子敬（王獻之字）的消息？他一定先走了。」他說完抱病坐轎去赴喪，一路上悲傷過度哭不出來。進門後一直走進去，坐在停放屍體的靈床旁，拿過王獻之的琴來彈，由於太傷心，沒辦法合拍，便把琴扔在地上說：「子敬啊子敬，你的人和琴都死了！」痛哭了很久，幾乎要昏死過去。一個多月後，他也去世了。

7、清談誤國

王衍身居要職，卻崇尚浮華，在職不作為。後來西晉滅亡，他被石勒俘虜，只想苟全性命。在與石勒的交談中推卸亡國責任，稱與自己無關，還恬不知恥勸石勒建國稱帝，最終半夜被石勒讓人推倒牆壁壓死。臨死嘆息：「唉！我們就算比不上古人，如果從前不做那些浮華之事，踏實地工作，怎麼會弄到今天這種地步。」可惜世上沒有後悔藥。

8、錢害死人

石崇下獄後，憑著老爸是晉朝開國功臣，他對人說：「我大不了就是流放交趾、嶺南而已，沒事沒事。」不曾想到最後被「誅三族」，當他全家人押往刑場時，石崇至此，才知難逃一死，自嘆道：「都是那群人盯上了我家的錢啊！」押送他的軍校聽後冷笑一聲說：「早知道是錢害的，幹嘛不早點拿出來送人？」石崇說不出話來。

9、白首同歸

絕代美男潘岳受到牽連，押赴刑場問斬時，看見好友石崇一家跪在那裡受死。石崇強言歡笑說：「安仁，這件事你也有份啊。」潘岳思緒萬千，想起他們風花雪月、清嘯賞樂美好時光，想起一起歡飲笑談、切磋詩藝的往事，便對石崇說：「今天真可謂『白首同所歸』了。」潘岳曾有〈金谷集作詩〉，其中最後兩句是「投分寄石友，白首同所歸」，沒想到一語成讖，今朝應驗。

10、九曲踐行

劉淵久困洛陽，心灰意冷。某次，劉淵於九曲之濱為王彌餞行。幾巡酒後，劉淵哭著對王彌說：「王渾、李憙兩位同鄉好友，屢屢向皇上舉薦我，卻招致讒毀之言。其實我本來無意高官顯貴，二公好心卻成壞事，唯您深明我心！自今以後，看來我要老死於洛陽城內，與君永別了！」言畢，悲歌慷慨，縱酒長嘯，滿座皆唏嘘。

11、痛失謀臣

石勒早年和謀臣張賓非常有默契，一起創業，十分得心應手。可惜的是等他稱王時，張賓已經撒手人寰。石勒每當需要別人出謀劃策時，就嘆息說：「看來老天不想讓我成大事，不然為何那麼早奪走我的右侯（指張賓）！」他總是在新下屬面前這樣感慨，讓這些人情何以堪！

12、劍閣長嘆

元康年間，關中大亂，氐族領袖李特跟隨流民一起進入四川混口飯吃，當他進入劍閣的時候，見地勢險要雄壯，便感慨道：「當年劉禪擁有如此險要的地勢，卻放棄抵抗，束手歸降，真是一個沒用的蠢材啊。」一席話將李特想割據稱王的野心展露無遺。

13、父子之別

桓玄父親桓溫去世時年幼，居喪期間，桓溫昔日老部下都來拜別，叔父桓沖撫摸著桓玄的頭指著大家對桓玄說：「他們都是你家的門生故吏。」桓玄頓時淚流滿面，引得眾人唏噓不已。成年後桓玄不得志，常常登高眺望遠方，長嘆說：「父為九州伯，子為五湖長。」內心不平之氣，可見一斑。

14、臨終懺悔

諸葛長民，琅琊人，文韜武略，頗有才能，但有個致命缺點就是貪財。桓玄篡位後，任命他為「參軍平西軍事」，不久就因貪汙，受到斥責。他懷恨在心，後來叛變，在征討桓玄中立大功，封為輔國將軍。趁著劉裕伐劉毅之際，他大肆斂財，殘害百姓，朝野怨聲載道。他也自知作孽太多，心事重重嘆息道：「人活著貧困時，一心想富貴，富貴了卻危機重重。如今再想做個老百姓，也不可能了啊！」後來他被劉裕處死。早知如此，何必當初呢。

15、大亂將作

董養，字仲道，陳留浚儀人，到洛陽太學遊學。他親眼目睹了賈后處死楊太后母親龐氏、餓死楊太后這些宮廷慘案。後來董養登上殿堂感嘆說：「每當觀看國家大赦的文書，像謀反這樣大的罪惡都能赦免，但是對於殺了祖父、祖母，殺了父親、母親之罪卻不赦免，原因就在於這樣的罪惡是帝王制定的法律所不能寬容的。如今天道人事的法則已經滅絕，大的動亂就要興起了。」果然讓他不幸言中，此後晉室開始內亂不止。

16、望駝興嘆

關內侯索靖，眼見朝堂上賈后專政，專橫跋扈，官場貪汙腐化，有一種山雨欲來的感覺，預知天下將要大亂，這位著名的將軍書法家離開京城時，指著洛陽皇宮門前的銅駱駝感嘆說：「恐怕我以後只會在荊棘中看到你了！」

嗟嘆　三十七

競技　三十八

兩晉時期，隨著周邊民族不斷內遷，各民族不斷融合，各種文化交流也是非常廣泛，展現在各個方面，比如飲食、服飾、娛樂等。永嘉南渡以後，中原的好多文化娛樂活動也帶到南方。兩晉時期的競技活動主要功能除了強身健體外，還有很大的娛樂成分，不完全等同於現代意義上的體育競技。

1、摔跤事故

西晉時，非常流行摔跤運動，有許多胡人來洛陽淘金，其中有名西域胡人摔跤技藝超群，洛陽城裡好多知名運動員都敗在他的手下，眼看年度金腰帶就要被這個胡人拿走，晉武帝身為一名超級摔跤粉絲的面子掛不住了，重金徵募高手。有名叫庾東的選手，為捍衛國家的榮譽參賽，比賽異常激烈，最後竟然失手將胡人摔死。但保住了摔跤金腰帶。

2、賽場風波

劉毅借用了京口衙門勞工活動中心的場地，想舉行一次射箭比賽，剛好司徒長史庾悅到京口出差，也想在此和當地政府官員及文藝界人士辦一場交流會，劉毅跑去向庾悅央求：「首長，你看本次時間衝突，你能否移駕一下，換個場地？」庾悅理都沒理。交流會上，劉毅想吃一塊鵝肉，卻被庾悅攆了出來。後來劉毅出人頭地了，砸了庾悅場子，奪了他的飯碗，庾悅鬱悶而死。

3、願賭服輸

晉懷帝司馬熾為豫章王的時候，劉聰和王濟和他一起舉行射箭比賽，比賽時要求下籌碼。比賽成績是：劉聰十二環，司馬熾和王濟只有九環，於是劉聰贏走了司馬熾的柘弓、銀研。數年後，劉聰率領前趙軍攻破洛陽，俘虜了司馬熾，得意的問：「你還記得我贏走你東西的往事嗎？」司馬熾回答：「沒忘記，只是當時不知道你有這麼大的本事啊。」司馬熾有良好的賭徒素養，但沒想到這次輸掉的是天下。

4、百步射毛

十六國前燕有個名叫賈堅的年長射擊高手，已經過了花甲。前燕國君慕容評久聞其大名，想要考驗一下，看他是否名副其實，於是在一百步以外設了一個活動箭靶 —— 一頭牛，讓他射。慕容評不懷好意的問：「你看能射中嗎？」賈堅答道：「射中何難，要是射不中才有挑戰性。」只見他雙箭齊發，一箭射向牛脊梁，一箭射向牛肚子，箭剛好射中牛毛，牛皮卻沒劃傷，看得慕容評下巴都快掉下來了。

驕奢　三十九

晉朝自建立之初，很快就拋棄艱苦樸素的優良作風，從皇帝開始，大臣貴族以身作則，在社會上興起驕奢之風，以至於石崇和王愷財富競賽的故事現在小學生都知道，但他們僅僅是那個時代的縮影。當驕奢之風愈演愈烈時，說明這個社會徹底沒救了，等待它的只能是滅亡。

1、日糜萬錢

西晉時，宰相何曾每天要吃掉上萬錢，還總是埋怨說，這飯沒辦法吃了，根本沒辦法動筷子。按照當時的物價，一萬錢等於一千個平民百姓一個月的生活費，其奢侈程度可想而知。他兒子何劭更青出於藍，一天的伙食標準是兩萬，每天的餐費是他老爸的兩倍。政治世家果然了不起。

2、五星級廁所

石崇家的廁所內也有美女排列伺候客人，準備著錦衣華服、名貴香料、盥洗用品等。賓客如廁時都得脫下舊衣，出去時換上新衣。多數客人當著眾美女面方便都感到難為情。唯有王敦卻坦然自若地脫衣更衣，滿臉傲色。伺候在旁的美女們竊竊私語道：「這傢伙臉皮這麼厚，一定適合做賊。」

3、看誰更闊

王愷是司馬炎的舅舅，一位奢侈成性的超級富豪，他和石崇互不服氣，公開財富競賽。王愷用麥芽糖涮鍋，石崇就用蠟燭當柴火燒；王愷在四十里的路上用綢緞當屏風，石崇就把 50 里路圍成錦繡長廊；王愷用花椒麵泥蓋房子，石崇就用赤石脂當油漆。王愷用盡各種辦法，總是落在下風。

4、什麼玩意

聽說王愷和石崇比賽財富總是敗北，司馬炎決定為舅舅扳回面子，賜他一株高約六十公分的珊瑚樹。王愷帶著珊瑚樹去石崇面前炫耀。誰知石崇隨手就用鐵如意將珊瑚樹砸個粉碎。王愷認定他是妒忌瘋了，聲色俱厲地責問。石崇不屑一顧道：「什麼玩意，還好意思拿來炫耀。」叫家人抬出六、七株高約一公尺多的珊瑚樹。石崇指著珊瑚樹對王愷說：「你要賠償，請隨便挑吧。」王愷只有傻眼的份了。

5、捨命勸酒

石崇富可敵國，常大宴賓客，席間安排美女勸酒，有飲酒不盡興的，便殺掉勸酒的美女。有一次，王導和王敦兩兄弟去石崇家赴宴。王導不善飲酒，但怕勸酒的美女被殺，勉強飲數杯，當場醉倒；王敦酒量很大，但美女勸酒時，卻故意不肯喝。石崇接連殺掉三位美女，王敦面不改色。王導責罵他，王敦答道：「他殺他自家人，關我屁事！」

6、人乳飼豬

司馬炎有次駕臨駙馬王濟家，王濟盛宴款待，用的都是琉璃器具，100 多名美女穿著綾羅綢緞，手託著食物列隊伺候。乳豬的味道異常鮮美，司馬炎覺得好奇，詢問其中祕訣。王濟說他家的小豬吃的不是飼料，而是用人奶餵養大的。司馬炎覺得自己貴為天子、富有四海，還不如這幫傢伙會享受生活，因此心覺不憤，沒吃完就走了。

7、王敦出醜

王敦剛剛被招為駙馬，去上廁所，看見漆箱裡裝著紅棗乾。它們是用來塞鼻子防止聞到廁所臭味，稱它為上廁果。王敦以為是吃的，拿過來全都吃光了。從廁所回來後，婢女端著金盆盛水，用琉璃碗裝洗澡用的澡豆（乾粉末狀的高級沐浴用品）。王敦不知道是洗澡用品，接過來倒入水中就喝。眾婢女看了都掩口而笑。

8、人造假山

司馬道子得勢後，重用演藝圈人士趙牙為魏郡太守。趙牙為了感謝提拔之恩，在建康為司馬道子建造一座豪華宅邸，府內大造人工湖，用挖出的土造了一座假山，山上廣植樹木，做得跟真的一樣。有次孝武帝造訪，見房子裝修豪華，面積非常大。便說府中有座山視野很不錯，就是裝修太豪華了，還是簡單一點好。司馬道子聽後直冒冷汗，皇帝走後，慶幸道：「幸虧皇帝不知道是假山，不然是要砍頭的。」

9、奢華座駕

桓玄篡位後，喜歡大排場。沒事便大興土木，修建豪華宮殿，還打造高速公路，當然上面行走的只有他的車。該車可以容納三千人，由兩百人拉動才能走，根本就是一座移動宮殿。桓玄日日歡宴，夜夜笙歌。只是苦了百姓，處在水深火熱之中。

驕奢　三十九

暴行　四十

歷史上曾經發生過殘暴事件，遠遠超出現在驚悚片或恐怖片導演的想像力，以至於令人懷疑是否真的發生過，東晉十六國的確是一個食人的年代，千載以下，仍然令人毛骨悚然，說當時存在人間地獄，一點都不過分。

1、正反都錯

前秦厲王苻生閒暇時問左右：「我登基以來，你們可曾聽說外面人怎麼評論我？」魔王發問，遂有人拍馬屁說：「陛下英明神武，天下歌舞太平。」苻生怒喝：「你這是當面說瞎話！」立即處死。過兩天又問，大家不敢再拍馬，小心說是不是刑法重了一些。苻生又罵：「竟然誹謗我！」也當即處斬，大家都拿捏不準該怎麼說話了。豺狼要吃人，是不需要理由，不管怎麼說，都不對。

2、率獸食人

十六國時期，中原連年戰爭，人煙稀少，虎狼大白天橫臥路上，行人不敢走路，夜半闖入民宅，傷害人畜。不到一年，野獸吃了七百多人，老百姓嚇得不敢到田裡工作，紛紛跑入城裡。百官奏請苻生禳災，苻生卻笑說：「野獸餓了當然要吃人，吃飽了就不再吃。這有什麼好擔心的。上天這是懲罰有罪百姓，特降虎狼替朕助威，只要不犯罪，何必怨天尤人！」群臣皆驚得說不出話來。孟子說暴君是率獸食人，苻生就是這號貨色。

王羲之〈樂毅論〉

3、逼人亂倫

苻生外出遊玩，途中看見有男女兩人，長相非常俊美，便讓手下攔住他們，當面問：「你們長得非常般配，是剛結婚的小倆口吧？」兩人聽後，紅著臉回答說：「我們是兄妹，不是夫妻。」苻生戲謔說：「現在朕賜你們為夫婦，你們馬上在這裡交歡給我看，不要推三阻四。」兄妹兩人當然不肯，苻生拔出佩劍將他們砍死。如果說苻生是禽獸，這根本是對禽獸的侮辱。

4、天生施虐狂

苻生天生施虐狂，不僅對臣下動輒濫殺無辜，就是宮中妻妾，稍有不滿，立刻處死拋入渭河中餵魚。他喜歡把死囚的臉皮剝掉，讓他們載歌載舞，他看得津津有味。苻生不但喜歡虐待人，還好虐待動物，常把牛羊驢馬活活剝皮，看著被剝皮的動物痛苦嚎叫，他嬉笑自如。

5、麻胡來了

後趙石勒手下駐守太原將領麻秋，是個胡人。此人性情殘暴陰險而又毒辣，民間私下稱他為麻胡。如果有孩子哭，母親就嚇唬說麻胡來了，孩子被嚇得馬上不敢哭了。

6、人肉軍糧

石勒得知東海王司馬越暴斃軍中的消息後，率勁騎追趕這群群龍無首、官兵家眷混雜的烏合之眾。在苦縣寧平城（今河南鄲城）大開殺戒，大隊騎兵像打獵一樣圍著數十萬西晉軍民亂箭狂射，「王公士庶死者十幾萬」。石勒派兵士一把火燒掉司馬越的棺柩，僥倖未死的西晉兵民 20 多萬，又不幸陷入劉淵部將王璋的包圍，被驅入火海變成燒烤的人肉軍糧。

7、食人部隊

苻登軍中軍糧常匱乏，於是每次作戰，他都做戰前動員：「兄弟們，你們餓嗎？你們渴嗎？那麼就拿起手中的武器去戰鬥，你們早晨出發，傍晚結束戰鬥，就吃敵人的肉，喝敵人的血。」聽完如此瘋狂的鼓動，他手下那群餓得飢腸轆轆的士兵們兩眼放著綠光，像餓昏的豺狼撲向敵人，此刻敵人在他們眼裡已經不是戰鬥對手，而是獵物，是白花花的肥肉，這戰鬥力可想而知，一旦攻下敵人城池，他們就將敵人不論死活都吃得乾乾淨淨。

8、烤死王爺

河間王司馬顒以張方為都督，和成都王司馬穎率二十多萬人殺向洛陽。本來與長沙王一夥的惠帝族叔東海王司馬越見情勢不妙，出賣了盟友，捆綁了長沙王，關在金墉城裡，召成都王司馬穎等入城輔政。想拿長沙王司馬乂做代罪羔羊。遣人密告張方，借張方之手除掉司馬乂。張方個性殘暴，派兵從金墉城中押出司馬乂，綑綁於城外兵營中，放在火堆上慢慢烤炙而死。

9、火燒洛陽

劉聰攻打洛陽日緊，晉懷帝想遷都倉垣，但公卿們捨不得洛陽花花世界，躊躇不定，錯過了最佳機會。後來，劉聰大將呼延晏率軍攻入東陽門，燒毀洛水旁的舟船，於是晉懷帝喪失最後逃跑的機會而被俘。劉聰縱兵大掠，派兵挨家挨戶搜掠，殺戮王公及士民三萬多人。還挖掘皇家陵寢，並一把火將洛陽燒成灰燼。

10、駭人暴行

石虎太子深得乃父石邃的殘暴基因，他喜怒無常，剛才還和宮中美女調情嬉鬧，過一陣子就砍下她的頭顱，洗乾淨後放在金盤內讓人傳閱觀摩。他在宮內養了不少美貌尼姑，先姦後殺，然後肢解屍體，與牛羊肉一起煮熟，放在餐桌上，讓眾人大吃大嚼，並打賭誰能吃出哪塊是人肉哪塊是牛羊肉。

11、自取滅亡

有個叫吳進的壞和尚替石虎出餿主意說：「想要鎮住晉朝，就要加大對晉人的苦役，讓他們沒有鬥志。」石虎聽後，徵集鄴城附近男女十六萬人、車十萬乘，沒日沒夜的替他修宮殿，還在鄴北築長數十里長城。整個後趙境內民怨鼎沸，失去民心等於在自掘墳墓。

12、孩子何罪

石虎兒子石宣為了奪權殺死了弟弟石韜，石虎震怒之下，下令將石宣全家抄斬，石宣小兒子才五六歲，很討石虎喜歡，正在石虎身邊玩耍。石宣被殺後，太監們來搶抓他，小孩嚇得抓住爺爺的衣服，石虎也覺得一時不忍，太監們拉扯孩子，硬生生把石虎衣帶扯斷了，石虎這個殺人魔頭，也因孫子被殺一幕受驚嚇而生了一場大病。

13、三光行動

蘇峻叛亂，攻進建康後，縱容士兵在京城搶掠，叛軍燒殺搶掠，連好多人身上衣服都被扒光，好多女孩沒了衣服，只能裹上草蓆遮羞，有的連草蓆都沒有的，只能鑽進土堆，哀嚎之聲，數里可聞。皇宮也被掃蕩一空，以至於連為小皇帝做碗飯的米都沒有，最後從倉庫地板縫隙掃出一點米粒，煮粥給小皇帝喝。

14、死也不放過

蘇峻意外戰死後，晉軍將士為了爭功，一擁而上，亂刀齊下，在陣前上演了活體大解剖，砍下蘇峻四肢和頭顱，身軀被現場焚燒。蘇峻的兒子蘇碩眼睜睜看著老爸被當眾虐屍的殘忍恐怖一幕，悲憤至極，為了發洩心中的仇恨，他將晉軍主帥庾亮父母屍體從墳墓挖出來，剖棺焚屍，挫骨揚灰。

15、上天堂

孫恩利用五斗米道邪術蠱惑人心發動叛亂，叛軍所到之處，燒殺掠奪，無惡不作。在攻打會稽進軍時途中，由於軍中有隨軍之家屬婦孺，行軍很緩慢。為了加快行軍，他竟然下令從婦女懷中奪過孩子，扔到河裡淹死，然後說：「祝賀你們先到天堂報到，等我成功以後去找你們。」赤裸裸暴露了邪教的本質，既然有上天堂這種好事為何自己不先去，卻讓無辜孩子替你做開路先鋒。

16、填井毀林

孫恩自稱征東將軍，稱他追隨教眾為「長生人」，凡是占領區不歸順的，殺光全家，就算是襁褓中的嬰兒也不放過。每攻下一城市，便將當地守官殺死大卸八塊，放入鍋子裡煮熟，逼迫遇害者的妻兒吃掉親人的肉。有拒絕不從者，便活割活剮，駭人心魄，一幕幕活地獄景象上演。他不但迫害人，而且放火燒毀森林，填平水井，徹底斷送老百姓生存之路，好死心塌地跟著他造反。

17、生死測試

盧循叛亂失敗後，自知活不久了。在臨死前他還耍了一次小聰明，想測試一下，妻妾對自己的忠貞度。把大家召集在一起，說如今大勢已去，誰願意跟我一起死，想去想留，儘管說，沒關係。大家都說：「螻蟻尚且貪生，徇節實在很難。」也有兩三個，老實忠厚，表示夫君死了，也不想活了。盧循測試完畢，除了想死那幾個放生外，剩下的皆毒死。

18、臨走撈一回

晉安帝義熙十四年（西元 418 年）歲末，晉室派朱齡石率軍到長安換防，劉義真手下得知要回家了，便大肆搶掠，恨不得深刮地皮三尺。晉軍當初以解放者姿態進入中原，關中百姓夾道歡迎。但劉義真此舉跟原先異族強盜何異，中原父老大失所望。夏國赫連勃勃乘機攻入關中坐享其成。

19、都是野獸

赫連勃勃打敗晉軍，占領長安城後，把殺死的數萬晉軍將士的頭顱堆在一起築土成「京觀」，號為「骷髏臺」，來顯示他的戰功。晉軍駐守長安守將朱齡石抱著寧可毀掉，也不留給敵人的心態，放火焚燒長安，後秦營建的亭臺樓閣在熊熊大火中，變成了灰燼。身在亂世，心態扭曲，都變成了野獸，無所謂正義、無所謂良善，除了殺戮就是破壞。

暴行　四十

叛亂　四十一

有晉一朝，叛亂之多，歷朝罕見，從八王之亂開始，一起起叛亂烽火燃起，同室操戈，削弱了自身的力量，結果替外族入侵提供大好機會，加速滅亡，只是苦了黎民百姓，正所謂：「興，百姓苦，亡，百姓苦。」

1、八王之亂

晉武帝鑒於曹魏沒有分封宗室，最終被自己取代，即位後便大封同姓諸侯，想借助諸王相互扶持讓晉室千秋萬代。然而，他一死，諸王之間為了爭權奪利發動了長達十六年的混戰。經過內戰，王朝的實力被削弱，引起外族入侵，導致西晉的滅亡。由於參戰的司馬氏諸王共有八個，故史稱八王之亂。真可謂「機關算盡太聰明，反誤了卿卿性命。」

2、馬隆募兵

咸寧五年正月，羌人禿髮樹機能攻陷了涼州。司馬督馬隆主動請纓，馬隆打算招募三千名勇士。馬隆招募的標準很簡單，只要能拉開一百二十斤的弓，能拉開等於九石力的弩，就錄取。不到半天招了三千五百人。又親自到武器庫挑兵器，發現都是一些破銅爛鐵。便和武庫令吵了起來：「老子去戰場賣命，你卻給我破銅爛鐵，這可不是陛下委派我的用心。」晉武帝下令，武器庫中的兵器任馬隆挑選，仍然供給他三年的軍用物資，然後就派他出發。

3、平定涼州

馬隆向西渡過溫水，禿髮樹機能帶領幾萬名部眾憑藉險阻抵抗。因為山路狹隘，馬隆就造了扁箱車，還造了木屋，置於車上，邊作戰邊前進，走了一千多里，打得敵人死的死、傷的傷，損失慘重，殺了樹機能，於是平定涼州。自從馬隆西去，音訊斷絕，有的人說他們都已經死了。後來馬隆的使者夜裡到了，晉武帝拍著手高興地笑了。清晨，召集群臣對他們說：「假如聽從了諸位的意見，就沒有涼州了。」

4、一樣結局

趙王司馬倫滅賈后後，作威作福，引起齊王司馬冏不滿，遂與成都王司馬穎、河間王司馬顒造反，常山王半路加入，數十萬部隊殺向洛陽，司馬倫慌了，拼湊六萬多部隊應敵，自己卻在求神拜佛。結果趙王軍隊被全殲，無奈向聯軍投降，被關進金墉城，被迫喝下金屑酒自殺。而一年前，就在這間屋子裡，是他逼賈后喝金屑酒自殺。

5、永嘉之亂

經過八王之亂，加以天災連年，在晉室自顧不暇之際。民族衝突也不斷激化，內徙胡人開始起兵作亂。匈奴人劉淵在左國城（今山西離石）起兵，逐步控制并州部分地區，自稱漢王。不斷大舉南侵，屢破晉軍，勢力不斷壯大。劉淵死後，子劉聰繼位。永嘉五年（西元 311 年）劉聰遣石勒、王彌、劉曜等率軍攻晉，殲滅十萬晉軍，殺死最高司令官太尉王衍。沒多久攻入洛陽，俘獲晉懷帝。此後，五胡彼此混戰不休，人民流離失所，死傷無數。中原淪為白骨蔽野之地。

6、囚徒叛亂

石虎太子作亂處死後，太子府的守衛隊全部發配到涼州做苦役，這些流放犯人在途中又被雍州刺史張茂趁火打劫，劫了他們的物資託運隊，這些人在絕望之下譁變，掉頭殺了回來，吃盡了石虎苦頭的人們不斷加入，後來竟達到十萬之眾。此時石虎已奄奄一息，幸虧有老將西羌姚弋仲奉命出擊，才將這股叛軍鎮壓下去。所以做事千萬別把人逼上絕路。

7、高舉輕放

司馬睿剛即位不久，周玘覺得自己「三定江南」立了大功，卻得不到重用，難道自己選錯邊了，鬱悶之下，決定武裝叛亂。沒想到百密一疏，密謀洩漏。謀反可是誅九族的死罪，好在司馬睿想著自己在江南根基維穩，不想大肆打擊。於是只誅殺了幾個同謀者，而對主謀周玘調任建武將軍、南郡司馬了事。

8、再次失敗

周玘謀反不成，調任外職，他非但不感念朝廷政策寬大，反而覺得自己運氣差，憂悶而死，臨終對兒子周勰扔下一句話說：「害死我的，是那群北方大老，為我報仇，才算我兒子。」周勰打算將老爸造反大業進行到底，四處招兵買馬，陰謀起事。叔叔周札將身家性命和造反成功率一估計，最後決定大義滅親，檢舉姪子。但慶幸的是司馬睿沒有追究他的責任，只殺了幾個從犯，草草結案。周勰經歷父子兩代謀反未遂後心灰意冷，在醉死夢生中了卻殘生。

9、王敦結局

王敦造反無果，自己卻死了，他膝下無子，姪子王應過繼給他。王應是個沒頭沒腦沒良心的人，他不為王敦發喪，不考慮未來怎麼辦，將王敦屍體裹上草蓆，塗上蠟，埋在大廳地下，然後整天和一群狐朋狗友飲酒作樂，醉死夢生。王敦英雄一世，若地下有知，不知作何打算。

10、死撐到底

王敦死後，晉明帝派人以高官厚祿誘降王敦死黨沈充，沈充知道上賊船容易下賊船難，如今只有死撐到底，便說：「為人做事要有始有終，豈能中途變卦。」婉言謝絕後，便帶兵攻打建康。沈充雖然造反立場比較堅定，但造反本事卻很普通，手下替他出主意，挖掘玄武湖水倒灌建康，借水勢攻打，他不聽，結果錯過戰機，被朝廷軍隊打敗。

11、蘇峻之亂

歷陽太守蘇峻因討伐王敦有功，威望很高，他對庾亮專擅朝政很不滿，很快他被庾亮鎖定為打擊目標，詔入朝為大司農，實則想架空，奪其兵權。蘇峻決定擁兵自守，抗拒詔命。咸和二年（西元327年）一月，蘇峻聯合豫州刺史祖約等討伐庾亮。戰亂中京城宮廟、宮室、官署都化為灰燼。京都內外哭聲震天。官庫庫藏，都被蘇峻洗劫一空。蘇峻自稱為驃騎領軍將軍、錄尚書事，短期內完全控制了京城。

12、死得窩囊

溫嶠和趙胤與蘇峻戰於石頭城下，蘇峻久經沙場，藝高膽大，絲毫不把溫嶠放在眼裡，戰爭剛打響，蘇峻的兒子蘇碩與匡孝兩人帶領數十人，殺入趙胤軍中，猶如無人之境，殺得晉軍落花流水。蘇峻也一時興起，飲酒後也想出個風頭，他策馬衝入溫嶠軍中，不料酒興發作，被晉軍戳了個透心涼，蘇峻英雄一世，最後死得卻如此窩囊。

13、叛徒下場

祖約和蘇峻一起叛亂，蘇峻一死，他看風向不對，便帶領一家老小叛逃到北方，投奔後趙石勒。石勒久困於祖約和祖逖，難於南下，而祖約駐守壽春時，石勒也吃了不少苦頭，所以他心裡惦記著舊恨呢。謀士程遐引經據典的說，如果我們如今容留叛徒，說不定哪天我們手下也會有人仿效叛逃。石勒聽後便下令將祖約滿門處斬，可見叛徒在哪裡都不會有好下場。

14、抱病平叛

前秦主苻健病重，姪子苻菁聽說老叔病重將死，便帶領一群人馬殺入東宮，想做掉太子苻生，自立為王。苻健病得半死不活，聽說苻菁作亂，他知道苻菁是個狠角色，正常人絕對鎮不住他，便奮力掙扎起身，率兵站在端門上。叛兵一看老皇帝還活著，叛亂前景不妙，立刻鳥獸散，苻菁獨自孤軍奮戰，被捉處死。苻菁太沉不住氣，太想上位，結果命喪黃泉。

15、借頭謝罪

王國寶專權引起王恭和殷仲堪強烈不滿，聲言發兵討伐。司馬道子本來倚重王國寶，兩人狼狽為奸，一看風向不對，司馬道子馬上把所有責任推到王國寶身上。王國寶兄弟很快下獄，沒幾天賜死獄中，傳首到王國寶營中。王恭和殷仲堪本來就底氣不足，看到王國寶的腦袋，也就藉機下臺，罷兵了。

16、庾楷齒寒

司馬道子為了防止外藩勢力擴大，以其司馬王愉為江州刺史，並割豫州刺史庾楷的四郡劃到王愉名下。眼看心頭割肉，庾楷大為不滿，上疏反對被駁回。庾楷本來是支持司馬道子的，他對司馬道子這種擅自改變行政區域的做法大為光火，於是聯合王恭一起討伐司馬道子。司馬道子聞訊後趕快寫信希望庾楷念在老交情不要攪局。庾楷回信說：「自從王爺殺王國寶以求自保，誰還敢為您效力，我可不敢拿身家性命做賭注。」

17、臨陣倒戈

王恭反叛司馬道子，他輕慢部將劉牢之，劉牢之深以為恥，司馬道子世子司馬元顯便藉機使離間計，許諾事成後劉牢之取代王恭位置。劉牢之禁不起誘惑，便和兒子劉敬宣在室內密謀籌劃。誰知窗外有耳。參軍何澹得知，馬上報告王恭。可笑的是王恭以為何澹誣陷劉牢之，大擺酒宴，與劉牢之約為兄弟。這種態度一百八十度的變化，劉牢之看來是緩兵之計，遂決心倒戈，於是王恭完敗。

18、王恭結局

劉牢之突然倒戈，讓王恭措手不及，全軍潰散，狼狽不堪，王恭隻身逃到曲阿，在舊屬殷確護送下坐船準備逃到桓玄那裡避風頭。也活該王恭命絕，就在逃亡途中，遇到殷確的仇人，被告發，王恭被活捉押解到建康城外。由於王恭是晉安帝的舅舅，司馬道子怕王恭進城後被皇帝特赦，就下令在郊外處死王恭。可嘆被稱為「真神仙中人」一代名師的王恭，由於用人不當，身首異處。

19、裡外不是人

王恭死後，他的盟軍桓玄、殷仲堪、楊佺期還在。各為其主的桓修不管堂兄弟桓玄的立場，為司馬道子獻計，以高官厚祿離間三人。桓玄、楊佺期兩人得到好處，按兵不動，把殷仲堪晾在一邊。殷仲堪大怒之下率兵回撤，在桓玄、楊佺期兵士間散布謠言，自稱回江陵殺光你們家人。嚇得士兵們紛紛叛逃。桓玄、楊佺期趕快表明沒異心，大家休戚與共。矛頭一起指向桓修，沒主見的司馬道子馬上罷黜桓修。弄得桓修裡外不是人。

20、誤判情勢

隆安二年王恭叛亂，孫泰想當然認為晉朝快完蛋了，想混水摸魚撈一回。他利用五斗米道宗教手段在三吳地區糾集了數千人，以討伐王恭為藉口，起兵作亂。在三吳召集義兵數千人以討王恭。晉室面對這支由極端宗教觀武裝的狂熱分子大為惶恐，便透過引誘方式斬殺了孫泰和他的六個兒子，唯有姪子孫恩成了漏網之魚。而那些被孫泰洗腦的教眾，不相信孫泰已死，認為他金蟬脫殼成仙了。

21、逃命要緊

孫恩聽說劉牢之大軍渡過錢塘江，直奔會稽而來。自知不是對手，便恬不知恥的說：「我不以逃走為羞，活路要緊。」挾持二十多萬老百姓做人肉盾牌，向東逃竄。為了跑得更快，也為了拖住官軍，一路將金銀珠寶灑在大路上，把搶來的美女扔在路邊，任其自生自滅。晉軍趕到後，忙著搶錢分人，便放緩了追擊步伐。孫恩乘勢逃過一劫，撿了一條命。

22、各懷鬼胎

桓玄、殷仲堪、楊佺期三人都想除掉對方，壯大自己，但三家相互制衡，誰也不敢起頭打破平衡。楊佺期寫信給殷仲堪表示兩家聯合突襲桓玄。殷仲堪左右為難，既想除掉桓玄，又怕楊佺期乘機坐大，派堂弟殷遹駐江陵以防楊佺期。桓玄順勢要求朝廷都督荊州四郡軍事，晉室樂見三人相互撕咬，好坐山觀虎鬥，一概照准，還讓桓玄之兄桓偉代替楊佺期之兄楊廣為南蠻校尉。

23、乘虛而入

荊州遭遇百年不遇的洪災，殷仲堪領導全體軍民開始抗洪救災。同時打開糧倉用儲備糧救災，由於災民太多，連軍用儲備糧都用來救災。殷仲堪抗洪救災精神感動了不少人，但卻沒感動桓玄，他趁人家救災發動偷襲。戰爭打響前先寫信給在殷仲堪軍營的哥哥桓偉，讓他做內應。桓偉怕引火燒身便向殷仲堪和盤托出。殷仲堪吃驚之餘將桓偉軟禁，寫信勸桓玄不要刀兵相見。桓玄見密謀敗露，索性撤下偽裝，率兵攻打殷仲堪。

24、最後午餐

謝琰字瑗度，謝安次子。淝水之戰中，與謝玄率兵八千擊敗苻堅。後鎮守會稽，逢孫恩之亂。謝琰午飯剛上桌，聽說賊至，便推開飯桌說：「等先滅了賊寇再吃飯。」誰知這竟是他最後一頓飯。江南地帶河溝交叉，謝琰大軍無法發起全面交戰，軍隊一字長蛇形式行走在河道之間，為孫恩水軍大展手腳提供機會，官兵被偷襲的狼狽不堪。這時謝琰手下有個奉行五斗米道的都督張猛叛變，背後猛砍謝琰的馬屁股，馬受驚，謝琰墮馬而死。

25、敢於硬碰硬

桓玄坐擁數鎮，手裡有槍，自認為天下有其二，想取代晉室。他寫信給司馬元顯，指責誤國誤民。司馬元顯惱羞成怒，便以笨皇帝司馬德宗名義下令討伐桓玄。面對朝廷殺氣騰騰。桓玄猶豫了，想退縮江陵，長史卞范之說：「如今只有豁出去了，氣勢上壓倒他們；若退縮，等敵人入境，死無葬身之地。」桓玄遂率兵緊逼建康，司馬元顯一看果然退縮了。

26、跳海成仙

在海島蟄伏的孫恩聽說晉室內部發生大血拚，想趁著桓玄重新洗牌之際，出來劫掠一番。反正對他來說，打得過就打，打不過又跑到海島上，反正也沒什麼損失。但這次他如意算盤打錯了，遇到臨海太守辛景是個猛人，窮追猛打。走投無路之下，孫恩跳海自殺。那些被他洗腦的教眾，還以為他拋下大家獨自成仙了，於是紛紛跳海追隨教主升天，自殺之人有數百人。但從這一點不得不承認孫恩是洗腦大師。

盜墓　四十二

中國古人崇信死後，在陰間仍過著類似陽間的生活，對待死者應該「事死如事生」，因而陵墓的地上、地下建築和陪葬生活用品均應仿照世間。尤其是帝王貴冑死後，在陵墓埋葬了大量珍奇異寶，引來後世貪婪者的垂涎。兩晉時期國家動盪不安，盜墓活動非常猖獗，將前朝陵墓挖掘殆盡。

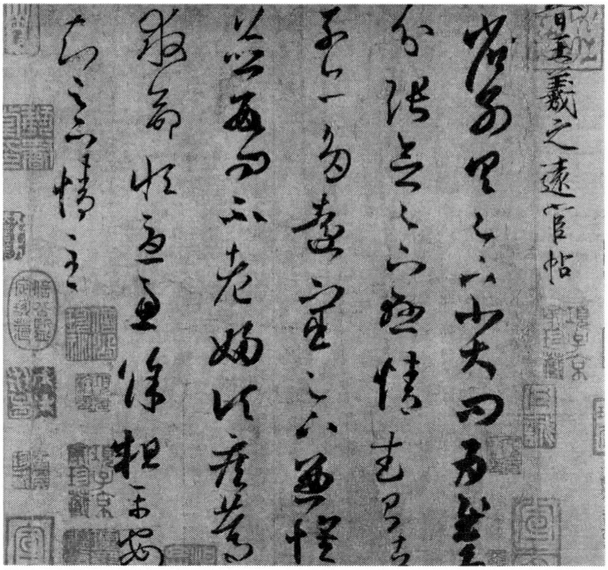

王羲之〈遠宦帖〉

1、汲塚遺書

晉武帝太康二年（西元 281 年），汲郡（今河南衛輝）有個叫不准的盜墓賊挖掘了戰國時魏襄王（又說是魏安釐王）的陵墓，古墓裡發現了大量竹簡，盜墓賊用竹簡做火把照明，盜完金銀珠寶後，將沒燃燒完的竹簡遺棄在外面，看來此人盜墓也不是太專業。汲郡太守得知後，派人來考古，從墓中清理出幾十車竹簡，經整理命名為《汲塚遺書》或《竹書紀年》，這件事成為年度考古頭版頭條。

2、劉表詐屍

太康年間，三國荊州牧劉表的墳墓被盜墓賊挖掘，墓室中，幽暗潮溼，在閃爍火炬中，兩口棺材並排而放，盜墓賊們緩緩打開棺材，眼前的景象令他們驚呆了，劉表和老婆面相如生，彷彿熟睡一般，盜墓賊以為詐屍了，狂奔而出。看來劉表身後的防腐技術實在太高明，可惜挖掘太早了，不然馬王堆出土的辛追夫人就有伴了。

3、素書重現

西晉末年，盜墓賊挖掘了西漢留侯張良之墓，張良生前修道，墓裡沒有什麼奇珍異寶，倒是在他的玉枕裡發現一部奇書，這就是當年黃石公傳給張良的《素書》。據說張良生前好多人想一看這本書的內容而不得。張良生前運籌帷幄之中，決勝千里，但大概怎麼也沒算到自己死了幾百年後被拋屍荒野。

4、心鬼作祟

姚萇勒死苻堅奪得帝位後，經常做噩夢，夢見苻堅披頭散髮來向他索命，為此輾轉反側。這主要是他作賊心虛，心理暗示造成的，他認為這是苻堅鬼魂作祟。於是他下令刨了苻堅的墳墓，將苻堅的屍體鞭屍，還覺得不夠狠，扒了屍首的衣服，在屍體下面放了一捆荊刺，草草掩埋，意思是你不讓我好好睡，我讓你在地下也睡不好。

5、白忙一場

石虎稱帝後金山銀海，還覺得錢不夠花，便打起死人的注意，於是派兵去挖邯鄲城外趙簡子的墓。趙簡子墓防盜措施非常到位，先是用來防潮的三公尺厚的木炭，清理完後，又遇到兩公尺厚的石板，費了九牛二虎之力，掘開石板後，大量地下水開始外湧，方法總是比困難多，石虎下令用牛皮囊排水，結果一個月都沒排完，石虎心灰意冷，只好作罷，白忙了一場。

6、借兵始皇

石虎連年對外作戰，兵器消耗嚴重，兵工廠的生產能力遠遠供不應求，怎麼辦？石虎決定向別人借兵器，此人不是別人，就是秦始皇。奈何秦始皇死去已經千年，不怕，到地下去借，於是派人去挖秦始皇陵，大概是挖到了秦陵陪葬坑，從裡面盜出大量兵器，還將挖出的銅柱溶化後澆注器皿。後來考古挖掘出秦始皇陵兵馬俑，手裡都是赤手，難道手中的兵器都被石虎「借走」了？

7、石勒密葬

石勒的葬禮十分神祕，整個喪葬過程充滿了詭祕。他臨死前對人交代，自己下葬時不要金銀財寶陪葬，身上不要裹綾羅綢緞，免得盜墓賊惦記。石勒死後第三天夜裡，有十輛一般殯儀館車輛從襄國（後趙都城，今河北邢臺市）駛出，分別駛向不同方向。據說密葬在一個叫渠山的地方，究竟在哪裡不得而知。

8、疑塚重重

石虎知道自己生前作惡太多，害怕死後別人挖自己的墓報復。他生前挖了一輩子別人的墓，累積很多經驗，於是他學習盜墓前輩曹操，修了許多假墓，修完後又殺死參與建設的工匠、差役，以為這樣後人就沒辦法得知他葬在何處。石虎生前殺人無數，死後還拉這麼多墊背，實在人神共憤，如果這樣就可以安眠於地下，老天都看不下去。

9、死不安生

前燕國君慕容儁做了一個噩夢，夢見石虎咬他手臂，夢醒後猶覺得隱隱作痛，忍不住大怒，石虎老匹夫死後還陰魂不散，作祟寡人，遂下令挖掘石虎原陵，但這本來就是石虎的疑塚，當然找不到。於是重金懸賞石虎葬屍之地，於是有個叫李菟的女人揭發了石虎密葬之地——東明觀。此女是石虎生前寵妃，大概死前捨不得殺，後來流落民間。慕容儁果然挖掘出石虎屍體，後果可想而知。石虎暴虐一生，死後終得報應。

10、名利兼收

張駿繼承父兄的基業，割據涼州，扼守中原與西域交流線路咽喉，累積難以計數的奇珍異寶。他死後，墳墓就被盜墓賊相中了。後涼時，有一批以胡人安據為首的盜墓集團掘開了他的墓，發現張駿面色如生，沒有絲毫的腐爛。盜墓賊從他墓裡盜出大量世所罕見的財寶。當時五胡亂華，張氏父子在漢人中深有名望。後涼王呂纂下令處死安據及其同夥，安葬了張駿，珠寶則據為己有，可謂名利兼收。

盜賊　四十三

盜賊是一個特殊的族群，他們或入室盜竊，或明火執仗搶劫，兩晉時代，社會動盪不安，社會治安毫無保障，盜賊橫行，他們小則魚肉百姓，大則嘯聚山林，跨州越府，官府奈何不得，作案手段也比前代更加殘忍，而有些豪族有時也參與盜賊活動，真可謂官匪一家，苦的就是眾多老百姓。

王羲之〈十七帖〉

1、太廟遭竊

光熙元年五月，由於八王之亂，洛陽城內一片混亂，有幾個盜賊想混水摸魚，趁機撈一回，他們竟然把黑手伸向了朝廷最神聖的地方——

太廟，盜走了金櫃和策文，這件事後來變成了無頭案。看守太廟的官員賈苞受到啟發，也開始監守自盜，大概技術不純熟，露餡被抓，被處死。賈苞也真是的，太廟吏雖然不是肥缺，但好歹也是公家機關的公務員，幹嘛要伸手，真可謂當官莫伸手，伸手必被抓。

2、皇宮被盜

東晉孝武帝咸安二年，發生了一件驚天大案，讓朝廷顏面掃地。有一群盜賊大概窮瘋了，想錢想的咬手指，竟然膽大包天，打起皇宮的主意。大概事前進行了周密計畫，不知用什麼方法混進皇宮，或許覺得進來太容易了，偷了金銀還不過癮，乾脆打開皇宮武器庫，劫取大量武器，正當他們好有成就感的時候，被守衛禁軍發現。皇帝震怒，全都處死。做事做過頭，那就是自尋死路。

3、「佛子」做賊

後趙時有個叫侯子光的術士，生得相貌堂堂，靠自學成才，學了一些魔術，自稱佛子臨凡，靠幻術迷惑許多人。信徒中除了一些善男信女，還有大量無賴混混。於是他帶領這些人四處行竊，被人發現，便來個活人魔術，消失的無影無蹤。隨著不斷得手，侯子光自我野心也不斷膨脹，於是稱黃帝，大封官職。石虎聽說後，便發兵滅了他。你說你偷點錢花花也沒什麼，還想搶地盤，石魔王的地盤是你搶的嗎！

4、招安社團

陸機、陸雲兩兄弟結伴到洛陽去求官，政治世家第三代的身分，剛上路便被一家江湖集團盯梢了。船停泊在長江邊的時候，集團成員在光天化日下公開打劫，陸機嚇得抱頭蹲在船頭，用眼睛餘光看見岸上一個年輕人坐在馬扎上，用劍指揮手下行動，儼然將軍帶兵作戰，反正伸頭縮頭都是一刀，陸機咬牙衝岸上喊話，表明身分。那個匪首一聽，覺得這是個上位的好機會，便投誠陸機，後來成了一代名將，他便是戴淵。

5、嚴懲盜賊

晉朝時也曾想嚴厲打擊盜賊，晉朝法律明文規定，凡是盜賊入室搶劫燒毀百姓房屋，盜竊絹帛五匹以上的處死，犯罪情節輕微判斬斷賊手。八王之亂以後，社會動盪，好多人被逼為盜，盜賊橫行已經成了嚴重的社會問題。太傅楊駿想亂世用重典，規定盜竊財物達百文錢便可處死，後來群臣反對作罷。如果不解決盜賊產生的社會問題溫床，單靠酷刑重罰永遠無法解決盜賊現象。

6、官匪一身

石崇聰明過人，官場得意，一路平步青雲。他做過縣令、刺史，更是致富能手，朝廷俸祿有限，他致富主要靠他的兼職工作，這份兼職工作叫做盜賊。在荊州刺史任上，他率部下扮作江洋大盜搶劫來往客商，透過黑白兩道，很快就家財萬貫。

忤逆　四十四

每個人都深受父母長輩養育教誨之恩，小羊跪乳、烏鴉反哺天經地義，奈何人間總是有一些人，由於種種原因喪失了人的本性，做出違背人性的事情，在亂世中尤為突出。

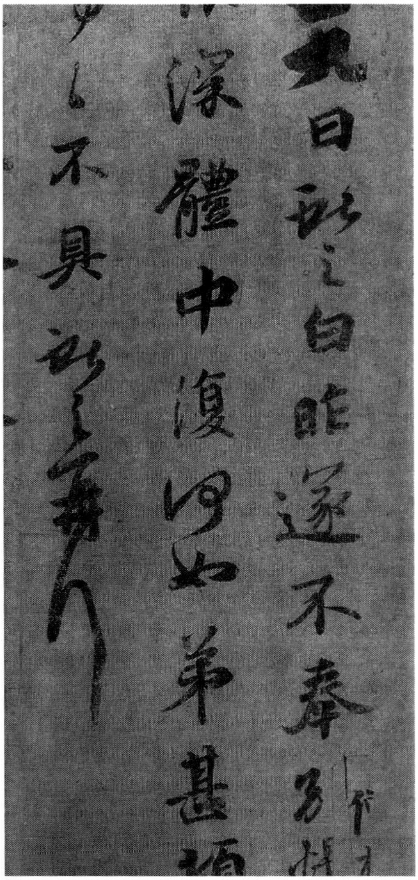

王獻之〈廿九日帖〉

1、苻生自殘

苻生很小就劣跡斑斑，爺爺苻洪很討厭他，苻生先天一個眼睛瞎了，有次苻洪就和身邊人開玩笑逗他說：「我聽說瞎子流淚只有一行，是不是啊？」苻洪拿孫子的生理缺陷開玩笑也太過分了一點，苻生自尊很受傷，便拔刀來刺破瞎眼睛，血順著臉頰流了下來，氣憤說：「這是另一行眼淚。」苻洪見他賭氣，跳起來拿鞭子抽他邊說：「我要將你罰作奴隸。」苻生嘴硬道：「那我可要做石勒（從奴隸到皇帝的實踐者）。」苻洪當即驚倒在地，說不出話來。

2、六修弒父

鮮卑拓跋猗盧非常疼愛幼子比延，想立他為接班人，取代老大拓跋六修位置。拓跋猗盧將六修打發得遠遠的，派去新平城，還將六修生母廢黜。六修有匹寶馬，猗盧強行奪來給老么。看到老爸這樣偏心，拓跋六修怒沖沖的走了。猗盧為了幫小兒子剷除後患，竟然派兵攻打老大。不料反被六修打敗落荒而逃。慌不擇路逃命中，行跡被一村婦識破檢舉，隨機被趕來的六修結束了性命。

3、心生殺機

石虎性格暴虐，他的想法千變萬化，喜怒無常，太子石邃攝朝政，有時候去請示，石虎就發飆：「一點小事，也來煩我！」如果石邃幾天不去請示，石虎又會發怒痛斥：「朝中大事，怎麼不讓我知道，想架空老子啊？」石虎不但怒罵，還痛打，還嫌別人下手不用力，親自杖刑。石邃身為堂堂太子經常當著眾人被挨打，心情極度憤懣鬱悶。他對東宮心腹暗示說：「我想學冒頓單于所為（弒父），大家和跟我一起嗎？」嚇得眾人不敢出聲。

4、同根相煎

石虎兒子石宣和石韜為了太子之位，互為仇敵，石宣對明爭暗鬥已經失去耐心，決定直接刺殺弟弟石韜，一次性除掉這塊絆腳石。派刺客入府，趁石韜酒醉結束了他的性命。石虎得知噩耗悲痛欲絕，石宣假裝不知，全副武裝帶人來弔喪，大概是除掉對手太興奮了，一時竟然擠不出一滴眼淚，呵呵大笑幾聲就走了，石虎料到凶手就是他了，便誘騙宮內逮捕他。石宣、石韜是同父同母親兄弟，竟如此冷酷無情，可見皇權讓人性扭曲到了什麼地步。

5、皇家無親情

石虎早年得意的對群臣說：「晉朝司馬氏父子兄弟自相殘殺，導致亡國。看看我們老石家父子感情多好！」但後來他的兒子個個相互仇殺，早晚想著對他下手奪位。他後悔著捶胸頓足道：「我肚中究竟是什麼穢物，生下幾個兒子，一成年就想殺老子，真想用石灰洗洗腸胃！」

忤逆　四十四

習俗　四十五

我們今天一些習俗都是歷史的沉澱，而古代一些習俗在歷史長河中消失，當我們回顧時，已經覺得陌生，畢竟它們離我們已經太遙遠了。

1、跪坐

晉人會客時保持著先秦以來跪坐的禮儀，雙膝著地，臀部坐在腳跟上。在正式場合除了跪坐，其他任何坐姿都被視為沒教養、沒水準。外戚王濟和武帝司馬炎下棋，大概棋局下了太久，便換了一下姿勢，將腿伸到棋桌下，被人們恥笑為對皇帝的不敬。

2、獨榻

晉朝常見坐具是一種稱作榻的小床，讓客人獨坐一榻，顯示尊重。如果幾個人被安排坐在一張坐榻，有些有脾氣的人認為是對自己的輕視。杜預官拜鎮南將軍，同僚們都去恭賀，或許家裡坐具有限，主人把大家安排坐在一張坐榻，別人都沒覺得什麼，欣然就坐。羊稚舒後到，心中很不爽說：「老杜怎麼安排大家坐同一張榻上呢，太不合接客之道了吧。」說完屁股沒沾地就走了。

3、晉朝婚俗

在北方，新娘出嫁，在道旁用青布幔紮個帳篷，稱作青廬。新郎家帶了一百多人到新娘家門口高呼：「新娘快出來。」意思是催促新娘趕快化妝出門，喊聲直到新娘出門上車才停。女方家女賓客會對新郎持杖謔打，新郎必須乖乖忍受。到了青廬後，一對新人在此交拜。等新娘到了夫家門口，要騎馬鞍才能入門，意味此後一切平安。

4、隔輩婚姻

晉朝時，男女結婚首先看是否門當戶對，門第顯赫，至於輩分，似乎不太嚴格。賈充的女兒賈荃嫁與齊王司馬攸，另一女兒嫁給晉惠帝。賈家兩位姑爺是叔姪，不知兩位賈小姐婚後見面怎麼稱呼。但這在當時不成問題。

權謀　四十六

出來混的，總是要有點手段和謀略，不然明刀暗箭之下，何時身首異處都不得而知。這些東西或被打扮得冠冕堂皇、或藏在陰暗之中，上不了檯面，不管你是所謂正人君子，或者邪惡小人，都離不開它，這就是生存之道，儘管很殘酷。

1、嫁禍於人

賈后因怕太子司馬遹年長後，自己地位難保，就設計陷害太子。先讓人用太子口氣起草了一封逼晉惠帝退位的書信，撰寫者就是以美貌與文采著稱於世的潘安。接著尋機請太子喝酒，灌個爛醉，趁其神智不清之時，騙他把那封信抄寫一遍。次日，賈后即透過晉惠帝召集群臣，操縱廷議，宣布太子謀反，藉機廢除太子。

2、以退為進

蘇峻之亂後，京都建康幾成廢墟，民生凋敝，怨氣沸騰。庾亮為了平息民憤，咸和四年（西元 329 年）三月，以豫州刺史出鎮蕪湖，把八歲的皇帝留在建康交由王導看管。這是對王導的一步退讓，請求外任以保留實力。庾亮在外期間力主經營北伐，但他的直接目的不在於進取中原，收復失地，而在取得軍政大權，企圖建立起自己的霸業。

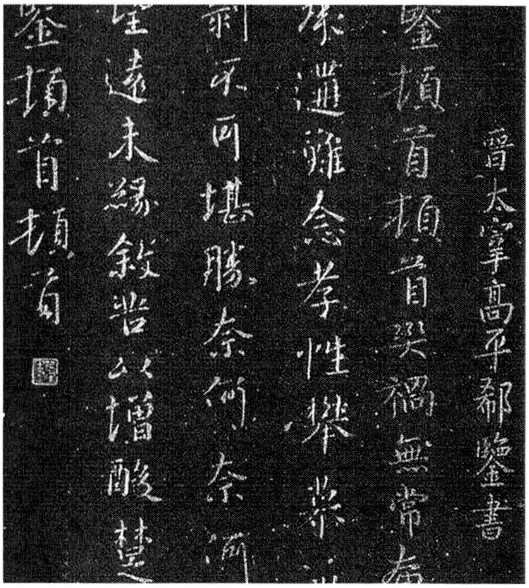

郗鑒〈災禍帖〉

3、驅狼迎虎

庾亮和庾翼兄弟以北伐為名，控制江州以上全部地域，並遣軍入蜀，庾氏的軍事力量逐步增強。永和元年（西元 345 年），庾翼臨死，讓自己的兒子繼任，開藩鎮世襲的惡例。晉室不允許他的請求，派譙郡的桓溫去驅逐庾氏勢力。沒想到桓溫開始興起，勢力逐漸擴大。真是前門驅狼，後院迎虎。

4、釜底抽薪

桓溫想透過對外戰爭來樹立權威，進而取代晉室，晉穆帝覺察到他的野心，故對他北伐戰爭虛與委蛇，表面上不反對，但也不加支持，暗中甚至從中多方阻撓。任用徒有虛名的清談大師殷浩參與朝政，專與桓溫唱對臺戲，使得桓溫的北伐以失敗告終，損害他的實力和威望。

5、夜半密謀

桓溫想透過戰功，撈政治資本，沒想到枋頭兵敗，受到挫折。郗超到桓溫處留宿，半夜時分對桓溫說：「明公將來有什麼打算？」桓溫說：「說說你的想法。」郗超說：「明公已年過六十，這次失敗，沒有特殊功勛，就會鎮不住！」桓溫說：「該怎麼辦？」郗超說：「明公不做伊尹放逐太甲、霍光廢黜昌邑王那樣的事情，就無法建立大的威勢與權力。」桓溫便打定主意廢掉海西公司馬奕。

6、笨得可愛

河間王司馬顒逃到太白山不敢露面，後來趁東海王司馬越迎惠帝回洛陽之機奪回長安，困守孤城。東海王司馬越散布消息說，朝廷要赦免河間王，還要讓他當司徒。河間王乍聞此等好事，便信以為真。真是利令智昏到了極點，遂與三個兒子一起投奔洛陽，結果在半路全部被截殺。

7、郗超改信

郗愔駐兵在京口，桓溫很忌恨他手握軍權。郗愔絲毫沒察覺，寫信給桓溫，信中說：「共同輔佐朝廷，恢復晉室山河。」他兒子郗超聽後，看完信就把它撕毀，隨即回去，代父親重新寫了一封書信，說自己年老多病，不能擔任重職，希望有一塊閒散之地養老。桓溫收到信後非常高興，立即下令升任郗愔都督五郡軍事，兼任會稽太守。

8、神璽現身

西都長安陷落時，晉朝在中原大勢已去，司馬睿想南渡重整旗鼓，但怕別人反對，想法上有顧慮。這時在臨安發現了玉冊，在江寧發現一枚雕有麒麟的白玉璽，印璽上刻有的文字是「長壽萬年」，大家都以為這是國家將要中興的徵兆。司馬睿露出會心的笑容。原因你懂的。

9、祖狄策反

西晉覆滅後，胡人在中原橫行，好多中土人士為了自保，修了好多塢堡，而那些塢堡首領在當地頗有聲望，號稱塢主。祖狄北渡以後，設法爭取這些塢主支持，他派參軍殷義去遊說豫州塢堡首領張平，殷義是個魯莽的人，不懂遊說辭令，反而激怒張平，被殺。祖狄率軍久攻不下，於是策反張平部下倒戈，張平被殺，部下歸降。

10、借刀殺人

孫秀想擁立孫秀趙王司馬倫上位，前提是先除掉賈后，便派人四處散布謠言，說皇宮內有不少人想廢掉她，擁廢太子司馬遹復位。賈后得知消息後嚇得不行，趙王司馬倫和孫秀又勸她除掉太子以絕眾望。等賈后殺了廢太子，他們又打出為太子報仇的旗幟，廢黜了賈后，順利掌握大權。

11、翁婿之戰

靳準想上位，除掉劉粲，讓他的皇后女兒對劉粲說劉氏宗室要謀反，劉粲禁不起枕邊人的洗腦，馬上派太監帶兵，誅殺上洛王劉景、濟南王劉驥，將兄弟輩劉氏親王一天內殺光。之後劉粲封老丈人靳準為大將軍、錄尚書事，決斷一切軍國大事。眼看時機成熟，西元318年9月，靳準率兵入宮衝入光極殿，把劉粲做掉。劉粲至死也是糊塗鬼，自己外公兼老丈人靳準為何做掉自己。

12、各個擊破

石勒想要除掉王浚，但又怕劉琨和王浚互為犄角，剛好此時劉琨和王浚不合。石勒寫信給劉琨，表示願率兵討伐王浚。劉琨非常高興，以為石勒替自己做掉死對頭。等石勒滅了王浚後，劉琨失去了外援，再也無力跟石勒抗衡。

13、迷惑敵人

石勒想除掉王浚，為了麻痺他，派人送去數車金銀珠寶，寫信勸王浚稱帝。王浚見信得意忘乎所以，西元 314 年 4 月，石勒率大軍抵達易水，王浚以為他來尊他為帝。不聽下屬勸告，打開城門，石勒還怕王浚唱空城計，聲稱幫他獻禮，趕了數千牛羊進城，結果堵住了城裡道路，石勒才放心進城，沒費多大功夫就活捉了王浚。

14、密信離間

劉琨失勢後，投奔段匹磾，兩人很投機，相約共同匡扶晉室。段匹磾與堂弟段末杯政見不合，常自己人打自己人，段匹磾戰敗，混亂中劉琨兒子劉群被俘。段末杯優待俘虜，要他寫信給老爸，一起討伐段匹磾，到時候推舉劉琨為幽州刺史。劉群信以為真，答應他，不料密信被段匹磾截獲（大概是段末杯透漏的風聲），劉琨全家被捕入獄，沒多久就被處死。

15、酒宴殺機

石勒素來忌憚王彌，一心想除掉他，剛好王彌和乞活軍劉瑞交戰，石勒從背後殺出，斬了劉瑞首級送給王彌，王彌大喜過望，放鬆了對石勒的戒備。石勒乘機派人帶厚禮拜見王彌，約他赴宴，自古宴無好宴，下屬們都勸王彌別去，王彌不聽，結果在宴會期間，石勒乘其不備，手刃了他。可嘆王彌刀口舔血大半輩子，沒料到最後栽在酒桌上。

16、招降受阻

劉琨找到與石勒離散多年的母親王氏和堂姪石虎，好吃好喝的供著，然後派人親自護送給石勒，順便寫了一封文采斐然的書信勸石勒歸晉。石勒被劉琨的善舉和書信狠狠的感動了，但感動歸感動，但無法改變他的政治立場，只是送了劉琨一大批金銀珠寶表示答謝。對政治人物來說，親情歸親情，但想改變自己的立場免談。

17、王敦碰壁

太興四年（西元 321 年），倍受晉元帝寵信的劉隗擔任鎮北將軍，都督青、徐、幽、平四州諸軍事，表面上為了抵禦後趙石勒，其實為了控制王敦。王敦不想和他把關係弄僵，寫信給劉隗說：「皇上重用你，現在中原大亂，我想和你一起平定海內。我們齊心協力，大晉一定能復興。」劉隗狂妄自大，寫信說，我的境界你怎麼知道。王敦碰壁後，勃然大怒，決定除掉這個狂妄之徒。

18、調虎離山

蘇峻，字子高，長廣掖縣（今山東萊州）人。因討伐王敦叛亂有功，授冠軍將軍、歷陽內史，封邵陵公。蘇峻開始飄飄然忘乎所以，招納一些江湖亡命之徒，加強自己實力。眼看蘇峻坐大聲勢，庾亮想趁羽翼尚未豐滿前削弱他，將他調到京城任大司農，其實是明升實降，一個將軍離開了軍隊將什麼都不是，蘇峻上書只要不調離本軍，去哪都行，庾亮不同意。蘇峻見沒有退路，便舉旗造反了，庾亮偷雞不著蝕把米。

19、不聽灼見

蘇峻叛亂後，有個叫陶回司馬為王導謀劃道：「趁著蘇峻軍隊還未到，切斷阜陵，嚴守諸渡口，敵寡我眾，可先發制人，掌握戰爭主動權，若是等蘇峻占領阜陵，恐怕就來不及了。」王導覺得言之有理，將意見轉達給庾亮。庾亮自以為是，當成了耳邊風，後來戰局的發展果如陶回所料，庾亮一敗塗地。

20、何處容身

庾亮被蘇峻打敗後，逃到溫嶠那裡，兩人以前總是堤防陶侃，如今只有指望陶侃來平叛了。便顧不了那麼多，溫嶠派都護王愆到荊州陶侃處求救，陶侃心中有怨氣，話中有話地說：「我是地方駐軍將領，朝廷的大事不敢僭越過問。」王愆不愧是出色的說客，他說：「蘇峻就是一匹豺狼，如果讓他得逞，天下還有你的地嗎？」一語擊中要害，陶侃決定出兵。

21、藉機要價

哀帝興寧元年（西元 363 年），桓溫趁著北伐之際上書朝廷遷都洛陽。桓溫此時氣焰熏天，誰敢說不，愁壞了朝堂上各級官員，他們早把江南視故鄉，沒人願意拋下江南花花世界，提著腦袋跑到胡人盤踞的中原淪陷區。揚州刺史王述是個明眼人，指出這不過是桓溫脅迫朝廷提高身價的手段而已，誰當真誰才是笨蛋。果然，晉廷「優詔」吹捧桓溫一番後，遷洛陽之事，也就沒了下文。

22、哄嚇奪權

王國寶聽說王恭、殷仲堪打算起兵除掉他，王國寶是個貪汙腐化的高手，領兵打仗一竅不通。於是問計於王珣、車胤：「王恭、殷仲堪得勢後，我會不會像曹爽一樣被殺掉？」王珣哄他：「不見得，就算您有曹爽般的大罪，王恭他們能跟宣帝（司馬懿）比嗎？」見王國寶還在猶豫，車胤嚇他：「如果討伐王恭，他憑城堅守相持。殷仲堪乘機直奔建康，怎麼辦呢？」經過王珣、車胤一哄一嚇，王國寶嚇得連夜辭職，交出權柄。王珣、車胤靠機智沒費一兵一卒，就解除了王國寶的武裝。

權謀　四十六

勸諫　四十七

在古代王朝統治下，有那麼一部分人，或為了王朝的長治久安，或為了多數百姓福祉，向君主提出一些合理化建議。勸諫是一門藝術，需要講方法，講策略。然而身為勸諫者逆龍鱗冒著很大風險，稍不小心，就會人頭落地，但他們義無反顧，在暴君輩出的兩晉時代，尤顯可貴。

1、衛瓘撫床

衛瓘字伯玉，河東安邑人。擔任白痴太子司馬衷的少傅，對太子智商十分了解，想換掉這個接班人，但有點為難。有一次武帝在陵雲臺大宴群臣，衛瓘假裝喝醉，一副欲言又止的樣子，武帝說：「有什麼話你就說嘛！」衛瓘便順勢摸著御座，兩眼迷離說：「呵呵，可惜了這個座位。」武帝馬上理解他的意思，責怪道：「你喝醉了啊。」以後衛瓘再也不敢說了。

2、淨化社會風氣

晉朝剛建立，整個社會風氣很頹廢。傅玄提出淨化社會空氣，樹立主流價值觀。他對晉武帝說：「近代以來，魏武帝玩弄權術，重視刑名；魏文帝輕視操守名分，造成社會到處瀰漫浮誇風氣。陛下登極以來發揚堯、舜優良工作作風，就是沒有選拔任命道德高尚的人出來做官。沒有遠離那些虛浮鄙陋之人。」晉武帝嘴上連連稱是，但也就敷衍一下，其實他本人離不開那些投機小人。

3、是否穿喪服

司馬昭死後，三天葬禮結束，大家都脫了喪服。這年秋天，晉武帝打算重新穿上喪服，去祭拜司馬昭崇陽陵。大臣一看，這不是折騰人嗎，大家紛紛勸阻，理由當然是關心皇帝健康。怕他過於哀傷，有傷身體。尚書令裴秀說：「陛下重新穿上喪服，如果君王穿喪服而臣下不穿，臣子心裡也不安。」晉武帝便說：「朕擔憂的是，內心哀傷不能充分表達，大家一片好意我心領了。」真正的孝心在於內心，不在於形式。

4、自廢武功

滅吳以後，晉武帝壯志躊躇，廢黜地方武裝力量，以為此後就可以天下太平了。交州牧陶璜上書說：「交州、廣州，東西幾千里，服從官府勞役的，只有五千多家。寧州各蠻夷，他們據守在上流地區，水路陸路都通。如果擅自裁兵，他們就會覺得官府的力量虛弱，難保不做亂。」晉武帝卻聽不進去。後來盜賊群起，州郡由於沒有軍隊和武器，沒有辦法捉拿制止，於是天下大亂。

5、徙胡遭拒

漢魏以來，羌、胡、鮮卑等投降的部落，居住在關塞之內的各個郡裡。發生多次民族衝突。御史郭欽建議說：「戎狄強暴蠻橫，自古以來就是禍患。如果發生了戰亂，這些地區，就都成為狄人的占地了。應當趁平吳的威勢，謀臣猛將的謀略，逐漸遷徙內地各郡居住的胡人到邊境地區去，加強夷狄經常出入地區的防衛。」晉武帝不聽，以後事實果如郭欽所料。

6、堪比桓靈

司馬炎有一次隨口問司隸校尉劉毅：「朕與漢朝的皇帝比，跟誰差不多？」劉毅回道：「桓、靈二帝。」司馬炎聽後很生氣：「怎麼能把朕與他們相比呢？」劉毅回答說：「桓、靈二帝賣官好歹錢入官庫，陛下賣官錢進自家腰包，如此看，您還不如他們呢。」司馬炎訕笑一下，自找臺階說：「桓、靈之世，誰敢說這樣的真話，朕有你這樣忠直之臣，總是比他們強呢。」

7、國之安危

司馬昭將幼子齊王司馬攸過繼給司馬師，他說繼承了兄長司馬師的基業，故欲立司馬攸為太子，以歸功於司馬師。其實這是藉口，實際原因是他打從心底喜歡司馬攸，以此事徵求山濤意見，山濤勸道：「廢長立幼，違背禮制，不利於國家的團結穩定。」司馬昭終於下定決心立司馬炎為太子。

8、誤坐針氈

晉惠帝太子司馬遹性格剛烈，恣意妄為。皇后賈南風頗為嫉恨他，太子舍人杜錫擔心太子被賈后殘害，便常勸太子平常檢點一點，不要親近小人。他嘮叨次數多了，惹得司馬遹心煩，便讓人放鋼針在椅墊內，杜錫不知，落座後針扎入臀部，血流不止，疼痛不堪。惡作劇也要有個限度，司馬遹這也太壞了。

9、火箭提拔

汝南王司馬亮掌握大權後，開始忘乎所以，任人唯親，御史中丞傅咸勸他說：「以前楊駿當權只任命親戚做官，結果落得慘敗收場。您現在剛上任，應該汲取經驗，平時不要張揚，大事自己敲定，芝麻瑣事讓別人去辦。你現在一切都要抓，夏侯駿未建寸功，就被任命為少府。大家都說由於夏侯駿是你的親家，所以火箭提拔。這可對你影響不好。」司馬亮當時正意氣風發，根本聽不進去。

10、優伶勸獵

苻堅身為氐族出生的馬上帝王，酷愛狩獵。每當馳騁在獵場上，旌旗獵獵，人歡馬嘶，追逐獵物的時候，他非常有成就感。建元七年（西元 371 年），他狩獵西山，十幾天不回宮，大臣們害怕打攪他的興致，無人敢諫。此時有個叫王洛的皇家劇團演員站出來說：「陛下身為一國之君，長期在外，萬一宮廷有什麼變動，你該怎麼辦啊！」苻堅突然醒悟，馬上回宮，並重賞王洛。

11、權翼勸仁

苻堅有一次登上龍門，看黃河滔滔，感慨關中的地理優勢，權翼在旁邊說：「夏商兩朝帝京並非地勢不險要，周秦二代不是土地不廣闊，怎麼都亡國了，是君王不講仁義的緣故，單靠山河險固是無法長久治安的，願陛下效法堯舜，以仁德感化天下。」苻堅聽後大受感動，之後採取一些與民休生養息的政策。

12、切勿伐晉

王猛病重，自知要離開人世，他知道苻堅信心滿滿，想削平江南東晉，有必要替他澆盆冷水。他對苻堅殷殷叮囑：「晉朝雖然偏安江南，但被士人視為正統，晉室君臣上下齊心，相反，我們內部好多投降的貴族離心離德，朝廷上看似風平浪靜，實則暗潮湧動，所以陛下切不可伐晉。」王猛死後，苻堅不停他的勸告執意南伐，結果大敗而歸，之後，前秦分崩離析，他也身首異處。

13、自取敗亡

苻堅想征伐東晉，群臣反對。他想外人話不可聽，關鍵時刻還要自家人的支持，於是單獨召見弟弟苻融商議，想取得他的支持。苻融同樣反對，他認為晉室群臣齊心，朝有賢臣，苻堅卻把自己皇族分封到邊疆，而在京城卻收留了大量征服的異族，這些潛伏的人，一旦風向一變，一定趁機作亂。苻融還怕自己話分量不夠，又抬出王猛臨終遺言勸諫，苻堅聽不進去，結果身死國滅。

14、自帶錦繩

桓玄每次外出打獵，方圓五里十里都插滿旗幟，縱馬馳騁，兩翼隊伍包抄，如果有人不小心讓獵物跑走，便發脾氣將他捆綁，每次打獵都弄得大家人心惶惶。後來他看見有個叫桓道恭的族人腰裡經常帶著一根錦繩，便覺得奇怪，問這是幹嘛，桓道恭回答道，您老是捆人，我自己帶著，說不定哪天捆我的時候，錦繩總是比麻繩好受一點。桓玄聽了以後就收斂許多。看來跟上司說話方式很重要啊。

15、縛鏈勸諫

漢主劉聰為皇后劉娥修建凰儀殿，廷尉陳元達勸諫不要做表面功夫，劉聰怒罵道：「朕為天子，建個宮殿，關你鳥事！不殺鼠輩，朕營殿不成！」命左右推出去殺頭，陳元達以鐵鏈纏腰，聽聞劉聰怒罵，他把自己和旁邊的一棵樹鎖在一起，殿中衛士遲遲解不開陳元達鎖在樹上的鐵鏈。後來由於皇后規勸，陳元達才逃過一劫。友情提示：勸諫有風險，出言要謹慎。

16、勸諫送命

漢主劉聰決定立太監們的乾女兒做皇后，惹惱朝裡那些儒生大臣，尚書令王鑑、中書監崔懿之、中書令曹恂等人紛紛反對說皇后母儀天下，應該迎娶名門閨秀，怎麼讓那些閹人們的乾女兒主持後宮，如此有違綱常的事，傳出去，還不被世人笑掉大牙。劉聰一聽大怒，老子討誰做老婆關你們鳥事，下令通通送往東市問斬。

17、以死相諫

後趙末年政局混亂，慕容鮮卑渾水摸魚，占領了幽州、薊州，又侵犯冀州。冉閔滅後趙後，打算對慕容鮮卑秋後算帳。大將軍董閏和車騎將軍張溫勸他，現在敵眾我寡不要輕易開戰，剛愎自用冉閔根本聽不進去，一心要與鮮卑人一決雌雄。司徒劉茂與特進郎闉說：「皇上這次一定一去不復返，我們幹嘛要坐等死？」兩人自殺，想以死喚醒冉閔，然而冉閔一意孤行，還是發動進攻，結果戰敗身死。

18、勿絕民望

劉裕率晉軍攻打南燕廣固城吃盡了苦頭，心裡非常窩火。等拿下廣固城，劉裕打算把城中男人全部活埋，女人作為戰利品分給將士們。這時剛剛從南燕投降的韓范勸道：「當年晉室倉皇南渡，中原一片混亂，大家只想保住自己的命。你如今剛把大家從異族統治下解放出來，卻活埋投降廣固人，往後誰還敢來投降？」劉裕一聽恍然大悟，馬上改變注意。韓范一席話救了數萬無辜百姓。

19、剛愎自用

盧循、徐道覆叛亂，率水軍直逼京城。當時劉裕剛滅南燕急忙往回趕。撫軍將軍劉毅從姑孰也帶病領兵來平叛，劉裕知道盧循、徐道覆不是省油的燈，希望兩家聯合作戰。劉毅和劉裕有瑜亮情結，眼看劉裕不斷立功，所以心裡不服，想在劉裕面前爭口氣。於是不聽勸告，單兵作戰，結果大敗而歸。

處世　四十八

待人接物、應付世情、與人相處交往對一個人很重要，如果處理不好，輕則職場黯淡，舉步維艱，重則四處為敵，性命難保。晉朝時處亂世，世人少了幾分世故，多了一些率真，這與歷朝有很大區別。

1、桓溫諉過

桓溫枋頭兵敗後，身為統帥不深刻檢討自己指揮無方，卻推卸責任，指責袁真沒有打開石門水路，讓大軍失去水上退路。袁真一聽立刻針鋒相對檢舉桓溫失職。晉廷懾於桓溫軍權在握不敢表態，大講和諧社會。袁真一看，這廟堂之上還沒有說理的地。便向前燕投降了。桓溫惱羞成怒，率兵攻打袁真駐地壽春，一年後城破，當時袁真已死，桓溫殺袁真之子袁瑾。桓溫做人也太不厚道了。

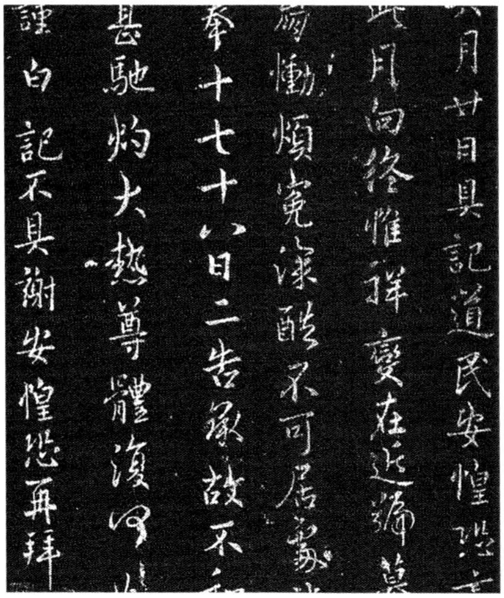

謝安〈六月帖〉

2、王猛變通

太和五年，王猛與鄧羌率兵六萬伐燕，大戰在即，有一位叫徐成將領歸營遲到，軍法當斬。徐成是自鄧羌的老部下，代徐成求情。軍法豈是兒戲，王猛嚴詞拒絕。鄧羌很著急，返營帶兵打算攻打王猛，救出徐成。王猛見情勢不妙，大敵在前，豈可內訌，便急中生智說：「我只是試探一下，將軍對自己的老部下如此忠義，對國家一定更沒話說。」便放了徐成。

3、臨戰要價

秦軍和燕軍大戰在即，鄧羌卻高臥不起。主帥王猛急得團團轉，他督促鄧羌出戰。鄧羌在關鍵時刻還有閒心討價還價：「如果封我做司隸，戰事就不用擔心了。」王猛沒辦法：「戰勝後，我答應你做安定太守，萬戶侯，司隸我可不敢做主。」鄧羌聽後紋絲不動，眼看敵人迫近了，王猛無奈咬牙允諾。鄧羌一躍而起，豪飲之後，提槊上馬，飛入敵軍，猶如狼入羊群，打得燕軍潰不成軍。鄧羌勇猛有餘，但做人就差勁了一點。

4、首鼠兩端

劉牢之素憎惡司馬元顯，司馬元顯派他攻打桓玄，他擔心司馬元顯借己之手除掉桓玄後，鳥盡弓藏，下一個就換自己了。兩害相權取其輕，他想借桓玄之手除掉司馬元顯，再藉機做掉桓玄。剛好桓玄派人來遊說，兩人一拍即合。眾人勸諫皆不聽。等兩人合謀打敗司馬元顯之後，桓玄很快就解除了他的武裝，劉牢之恐懼之下不甘心，想再起兵，發現已眾叛親離，無奈之下只有在樹林上吊結束自己性命。

5、注意團結

劉毅自知論帶兵打仗不如劉裕，他自認文化功底深，劉裕是市井草根出身，寫作一定不如他。所以每當聚會時他就賣弄文采，想壓劉裕一籌。劉毅的做法引起劉裕部下嚴重不滿，寧遠將軍胡藩勸劉裕除掉他。劉裕想了想說：「劉毅與我是一起起家革命的，目前他做還沒有太過分的事，現在拿下不利於目前穩定團結的局面。」

6、劉毅之敗

劉毅與劉裕一起起家，在平定桓玄之亂之中都立下大功。劉毅頗瞧不起劉裕，他身體不好老是生病。在他養病期間，劉裕平定南燕，剿滅盧循之亂，蒸蒸日上。劉毅心裡不是滋味。好在劉裕大度，任劉毅為荊州刺史、都督荊寧秦雍四州諸軍事，但劉毅還伸手要交州、廣州，劉裕也答應了。沒多久，劉毅以身體不好為藉口，調堂弟劉藩來荊州作副手。劉裕終於忍無可忍，便下令討伐。劉毅很快就覆滅。做人要懂得分寸，過於貪婪，最後死得很慘。

7、歸功上級

王鎮惡孤軍深入，一舉滅後秦。劉裕之後率軍將抵長安，表揚他說：「我成就霸業，就靠你了 。」王鎮惡急忙跪拜，謙虛說：「這都是上級指揮有方，將士們賣命，我有什麼功勞可言 ！」劉裕聽後笑道：「你是想學馮異啊。」馮異是漢光武帝手下名將，曾平定關中，有人造謠他想做關中王，內心惶恐，光武不為謠言所動。

8、自汙相救

王鎮惡滅後秦，功勞蓋世。劉裕嘴上說對他很放心，但內心還是怕他有異心。後秦累積下來的家底很厚實，王鎮惡便大肆斂財，金銀美女，來者不拒。劉裕心裡便稍微放心了，後來聽說王鎮惡攻下長安後，把後秦皇帝的輦藏起來。劉裕暗中調查，發現輦上金銀裝飾被剝光，空架子丟在那裡沒人問。得知調查結果，劉裕才放下對王鎮惡的戒心。怕的不是貪錢，就怕你什麼把柄都沒有，那樣怎麼管理。

9、用人不當

王鎮惡靠著祖父王猛名氣，又立大功，很有人氣。沈田子對他又嫉妒又羨慕又恨，對劉裕公開詆毀說：「王鎮惡在關中人脈廣泛，留他可不好。」劉裕說：「你們文武將士精兵萬人，他若心懷不軌，就是自取滅亡。」私下又對沈田子叮囑道：「鍾會在蜀中造反沒得逞，因為有衛瓘在。你們有十幾個人，還怕王鎮惡一個人？」劉裕身為上司應該用人不疑，疑人不用，既然委任王鎮惡鎮守關中，就不該私下放任沈田子。此後晉軍內部你爭我鬥，最終丟失了關中。

10、人小鬼大

劉義真在從長安返回江南途中，被赫連勃勃追殺而走散，躲在亂草堆中。夜黑星稀，又冷又餓，這時中兵參軍段宏獨自一人來尋找，劉義真聽出聲音來，但他怕段宏對他不利，故意激段宏說：「段中兵你趕快走吧，帶上我也是個累贅，只求你把我腦袋砍下來交給我父親（劉裕），省得他老人家惦念。」段宏被他感動的淚水漣漣，發誓生死與共，把他綁在身上，逃回江南。

11、杜預索財

滅吳以後，杜預回到襄陽，他覺得忘戰必危，他勤於講習武事，命令部下要嚴於防守。杜預身不跨戰馬、射箭不能透甲，但是他善於用兵，各位將領都比不上他。杜預人在鎮守，卻多次向京都的權貴要人索要餽贈，有人問他為什麼要這樣做，杜預回答說：「我只怕他們會加害於我，為了穩住他們，並不指望他們能給我什麼好處。」

12、為何所思

諸葛靚在吳時，吳王孫皓是個愛整蠱的人，想故意刁難一下，便問他：「你字仲思，都思想些什麼？」諸葛靚回答很巧妙：「在家思想孝順父母、侍奉君王君思想如何盡忠、和朋友在一起思想如何信守諾言。僅此而已！」

13、望塵而拜

賈充無子，賈后妹妹的兒子賈謐被過繼給賈家。賈后得勢，賈謐大門都快被擠破了。賈謐雖然驕橫奢侈，但卻愛好學問，喜歡接納士大夫。石崇、陸機、陸機的弟弟陸雲、潘岳等共二十四名文藝青年歸附於賈謐的門下，號稱二十四友。石崇和潘岳，格外諂媚地侍奉賈謐，每當等候到賈謐出來了，就趕快從車子上下來，站在路邊，望著賈謐車後揚起的塵土行跪拜禮。

14、釋放政治犯

太子司馬遹被廢後，賈后下令臣僚不能送行。好多人躲遠遠的，唯有洗馬江統等人冒險向太子送別，司隸校尉滿奮將他們逮捕送到牢獄。河南尹樂廣把押送到河南牢獄的人全部釋放。押送到洛陽縣牢獄的都關押著。都官從事孫琰對賈謐說：「如果嚴懲冒險與太子告別臣僚，等於宣揚了太子的美德，不如釋放他們。」賈謐考慮了一下，便下令釋放。樂廣也沒有因擅自放人而受處罰。

15、戀權取禍

賈后專權後，眼看朝中一片亂象，每天上演腥風血雨，西戎校尉司馬閻纘勸張華辭職避禍。張華兒子張韙也勸他，張華貪戀權棧，捨不得走人。趙王司馬倫廢黜賈后後，想篡位自立，想除掉有名望大臣，張華辯解曾勸諫不要廢除太子，遭到拒絕，有什麼辦法。但被反問為什麼不辭職時，無話可說。被殺後，閻纘撫摸著張華的屍體痛哭流涕地說：「早就勸告您辭職，而您不肯，果然不免一死，這是命呀！」

世情　四十九

人情世故，世態冷暖在世事變遷暴露無遺，或臨危相助雪中送炭，或趁人之危落井下石。或不忘舊恩湧泉相報，或忘恩負義恩將仇報。在利益面前，有人不為所動，有人見利忘義。雖然時過境遷，但人性的東西，古今相通，千古不移。

1、齊王之死

齊王司馬攸是武帝司馬炎親胞弟，也是當年他皇儲的有力競爭對手。司馬攸是典型的要相貌有相貌，要本事有本事，也找不出什麼缺點。再看看自己的笨兒子，司馬炎越想越不是滋味。而那些不識好歹的大臣們還一直勸他把皇位傳給司馬攸。弟弟總是親不過兒子，就算他再笨也是親生的，於是他想把齊王攆得遠遠的，讓他去封地。當時齊王剛好生病，司馬炎以為他在裝病，不停地催，結果齊王剛出門就死了。

2、手足無措

殷浩北伐接連失敗，讓政敵有了藉口。桓溫接連上書，要求罷免他的官職。殷浩被罷免後，賦閒在家，後來桓溫覺得讓殷浩這樣一個大名士老是窩在家裡也不是問題，於是決定推舉他出來做尚書令。殷浩接到桓溫的舉薦信後，又愧又喜，一時不知該怎麼樣。想寫封感謝信，但一時不知如何措辭，寫完後，拿出來看，反覆多次。最後忘了將一張白紙裝進信封，桓溫見信後大怒，從此他們絕交，殷浩徹底喪失復出的機會。

3、形似神非

桓溫一直自比劉琨（西晉名將、詩人），然而世人卻認為他與王敦（東晉權臣、叛將）類似，這件事讓他一直很不爽。後來他遇到一位以前侍奉過劉琨的歌妓，說他像劉琨。知音啊，急忙問哪裡像，歌妓端詳過後卻不說話了。追問之下，便說他眼睛像但較小，鬍子像卻過於紅了，聲音很像，但過於尖細。桓溫聽後大失所望，回家後大睡幾天不起床。

4、失之交背

劉淵容貌才能出眾，晉武帝非常賞識他，王濟和劉淵是并州老鄰居，他舉薦劉淵去平吳，因為大臣孔恂反對而作罷。後來，關隴一帶的禿髮樹機能反叛，上黨人李憙（又是劉淵老鄰居）推薦他平叛，孔恂反對說：「劉淵消滅樹機能，奪取了涼州，恐怕涼州才是真正面臨大禍亂。蛟龍復得雲雨，就不會再蜷縮池中了。」 幸虧孔恂反對，不然劉淵就提前得勢了。

5、骨肉相殘

劉淵死後，劉聰即位，立皇弟劉乂為儲君，但隨著自己兒子劉粲長大，弟弟畢竟沒有兒子親，明眼人都看出他打算更換接班人。劉乂屬官盧志、崔瑋、許遐都紛紛勸他造作圖謀，以免性命不保，劉乂還在猶豫不決，結果被人告發謀反，最後死於非命。宮廷鬥爭不是你死就是我活，容不得絲毫婦人之仁，不然你就會付出沉重代價。

6、臨陣出賣

靳準殺掉劉粲後，劉曜率兵從長安殺向平陽，同時石勒也率兵來觀望，靳準派侍中卜泰與石勒講和。石勒不笨，將卜泰綁了交給劉曜，劉曜假意對卜泰（卜泰是劉曜妻兄）許諾只要靳準投降，可免死，卜泰回到平陽城，轉述劉曜的話。靳準當然不信，而堂弟靳康、靳明等人割了靳準腦袋獻給劉粲，天真以為可以僥倖免死。劉粲進城受降後，誅殺靳康、靳明滿門。你對自家兄弟都出賣，怎叫新主子安心。

7、不計前嫌

石勒稱王之後，派人把舊時老街坊都接到襄國，大家一起歡笑敘舊時，發現少了當年老是和自己打架爭麻池的老鄰居李陽，石勒對大家說：「怎麼沒看到李陽？爭麻池是百姓的小糾紛，孤現在稱王，怎會還會在意那些陳年往事呢？」馬上派人請李陽來，把酒言歡，對李陽開玩笑說：「孤那時候吃足了你的拳頭，你也備嘗孤的暴打。」後來拜李陽為參軍都尉。

8、皇家出行

司馬睿初到江南，江東的那些士族大老都看不起他這個從北方跑來的落魄王爺，他來建康都月餘了，門可羅雀，無人來拜訪，長期下去可不行啊。於是王導策劃了一次皇家出行活動，司馬睿端坐在肩輿之上，周圍簇擁著皇家儀仗，王敦、王導等社會名人前呼後擁，看起來顯得威風凜凜，那些大族都跑出來看，一時轟動江南，此後那些土著士族們不敢再輕視司馬睿了。

9、卸磨殺驢

東晉元帝司馬睿得以登上帝位，全靠王敦和王導大力扶持，但等他坐穩皇位之後，覺得王家勢力過大，猶如芒刺在背。想牽制王家一下。司馬睿以前的老部下劉隗和刁協，也想借題發揮，以維護皇權為藉口，藉機從王家手裡奪權。司馬睿逐漸冷落王導，大事小事讓劉隗和刁協去辦。好在王導心胸寬廣，不當一回事。不過司馬睿身為帝王之尊做事也太不厚道了。

10、故作委屈

王敦擁兵在外，都督江、揚、荊、湘、交、廣六州諸軍事，東晉建立中居功甚偉。他聽說朝廷有意排斥王家，不停敲打王導，心中很氣憤，便上書替王導報不平。王導先攔截了王敦的奏摺，看完後，付之一笑，便原封打回。王敦不達目的不罷休，接二連三上書，王導老是押著也不是辦法，終於送到司馬睿手裡。司馬睿當然不肯認錯，還裝作委屈說：「王敦有功，朝廷給他的職位夠大了，但他怎麼還不知足呢？」

11、老刀堪用

湘州刺史出現缺位，王敦想推薦親信沈充去填缺。元帝不願意看到王敦壯大，擔心尾大不掉難以控制。肥水不落外人田，便讓宗親叔父譙王司馬承去擔任湘州刺史。司馬承去湘州上任，經過武昌。王敦略盡地主之誼，順便摸摸底。酒席間，王敦趁著酒興說：「王爺舞文弄墨還行，但做將帥恐怕不行。」司馬承聽出來王敦看不起他，便說：「我就算是把老刀，也能拿來一割吧！」

12、劃清界限

王敦叛亂失敗後，王敦堂兄王含父子逃到荊州，到堂弟王舒那裡避風頭。面對朝廷掛號督辦的A級逃犯，王舒表現出了大義滅親的大義凜然，堅決與堂兄父子劃清了界限，下令把王含捆起來扔到江裡餵魚了。關鍵時刻還是自己身家性命要緊啊。

13、失意者的下場

劉隗、刁協仗著是司馬睿做琅琊王時老部下的資格，整天出餿主意，削弱大族的權勢，結果逼得王敦叛亂，高舉清君側的旗幟，殺向建康。叛軍節節勝利。這下劉隗、刁協這對皇帝身邊大紅人傻眼了，好在司馬睿比較厚道，沒像漢景帝處死晁錯那樣，拿他們當代罪羔羊。讓他們趕快跑路，刁協平常得罪太多人，一出門就被砍了腦袋，劉隗腳程快，跑到江北石勒那裡，總算撿了一條命。

14、利益誘惑

王敦叛亂被平定後，王敦部下沈充從死人堆裡撿了一條命，跑到昔日下屬吳儒家避難。吳儒滿臉悲憤，誓以身家性命來保護老上司，沈充感動的一把鼻涕一把淚，跟著吳儒走進了吳家內室夾壁。結果被吳儒困在裡面，吳儒得意的說：「朝廷以三千戶侯懸賞抓你，看來我這個侯爺坐定了。」沈充被吳儒一家子亂刀亂槍捅成篩子，腦袋被割去領賞。在巨大利益誘惑面前，同袍之義不堪一擊。

15、替父報仇

沈充遇難前對凶手吳儒說：「你要是殺了我，後世你全家必將滅族。」吳儒利令智昏，哪裡聽得進去，結果一語成讖。沈充死後，他兒子沈勁成了漏網之魚，多年後，遇到朝廷大赦，沈勁公開露面，糾集了一群人，衝進吳家大院，將吳儒全家殺了個乾乾淨淨，沈勁替父報仇當時看來是義舉，名聲大震。後來率兵北伐，戰死沙場，忠臣孝子集於一身，名揚海內。

16、賞罰不明

壽春守將祖約被石勒圍攻時久，而朝廷卻遲遲不發援兵。幸有歷陽內史蘇峻派兵增援，危機暫緩。面對蘇峻解圍有功，執掌樞要的庾亮非但有功不賞，為了一己之私，反而想削弱蘇峻軍權，消除威脅，眾人勸他不聽，賞罰不明百事不成，後來蘇峻發動了叛亂。

17、兩種嘴臉

蘇峻叛亂攻進建康後，那些領朝廷俸祿的滿朝大臣逃得一乾二淨，生死關頭，平日裡滿口江山社稷、君臣大義的說辭早已拋諸腦後，危急時刻，還是自己的性命要緊，當時晉成帝年僅八歲，差點餓死。後來陶侃溫嶠平叛後，小皇帝被救出，那些大臣們又都跑回來，跪在成帝面前痛哭流涕，爭著表決心獻忠心。一大群糟老頭跪在一個孩子面前，像一群受了委屈的孩子嚎啕大哭，既滑稽又好笑。

18、童真天性

年僅八歲的晉成帝被蘇峻叛軍圍困後，侍中鍾雅、右衛將軍劉超等幾位忠義大臣誓死保護小皇帝。後來蘇峻戰死，鍾雅、劉超想趁亂帶小皇帝出逃，未果被發現。蘇峻手下任讓當著小皇帝面殺掉鍾、劉兩人。平叛後，陶侃由於與任讓私交深厚，想求情。晉成帝用童聲說：「他殺了侍中和右衛將軍，罪不可赦。」孩子童真，沒有成年人的詭詐，但知道誰對他好。

19、酒後失言

司馬道子嗜酒如命，酒後胡言亂語。某次酒宴上，他喝醉以後，大聲說：「桓溫臨死前是不是想造反？」一時眾人不知作何回答，桓溫之子桓玄聞言，急忙跪下，汗流浹背。長史謝重出來打圓場說：「桓大人黜昏立明，功超伊、霍。別人有點爭議，殿下您應該以正視聽！」暗示要不是桓溫廢掉海西公司馬奕，你有今天的地位嗎？司馬道子一時清醒過來，舉杯示意桓玄起來，但桓玄從此心中種下了仇恨的種子。

20、職場父子

王恭叛亂雖然有驚無險，但會稽王司馬道子也嚇出一身病。趁著父親病重之際，司馬元顯自代揚州刺史。等司馬道子緩過神來為時已晚。沒過幾天，司馬元顯又任錄尚書事。當時人稱司馬道子為東錄，稱司馬元顯為西錄。父子兩人分府工作，西錄府前華蓋雲集，東錄府冷冷清清。人情冷暖，世態炎涼，莫過如此。

21、禮尚往來

孫恩叛亂平定後，餘黨追隨孫恩妹夫盧循，盧循遣使向朝廷獻土產，擺出願意接受招安的姿態。晉室剛經歷桓玄之亂，自顧不暇，當然求之不得。便任命盧循為廣州刺史。盧循不忘耍點小聰明，給劉裕一大簍「益智粽」，藉機諷刺一下出身低微的劉裕。劉裕一眼看出小把戲，回送盧循一罈「續命湯」中藥，暗示你的狗頭先暫時寄在你那裡，我隨時來拿。

22、扭曲個性

按照常理，一個君主早年經歷世間艱辛，知道民間疾苦，即位後多少會體恤民情，奮發有為。但南燕主慕容超是個不在常理的人，或許是他早年流浪生涯導致個性扭曲，稱帝後，加倍補償自己，瘋狂吃喝玩樂、遊宴狩獵、迫害宗室、殺戮忠良、親信奸佞，把國家弄得烏煙瘴氣。明眼人一看南燕氣數差不多了。

23、臨終託母

劉敬宣在父親劉牢之被桓玄處死後，曾跑到南燕慕容超處避難，並和慕容超建立了不錯的友誼。多年後劉敬宣跟隨劉裕率軍攻破南燕，慕容超被俘，臨死前希望劉敬宣死後照顧自己母親。劉敬宣沒辜負慕容超，贍養老太太至終。他們在政治上分處不同堡壘，但並不影響他們惺惺相惜，也不擔心被扣上裡通外國的帽子，是為大丈夫，真性情。

24、作法自縛

荊州刺史劉毅被劉裕打敗後，隻身逃出江陵。跑到江陵城北二十里外的牛牧佛寺，他央求寺內和尚讓他進去避風頭。和尚不認識劉毅，只是隔著門對他說：「我師傅以前收留了跑路的桓蔚，結果被劉毅以包庇罪處死，從此敝寺不敢收留陌生人。」這一幕跟當年商鞅跑路被旅店老闆拒絕何其相似。劉毅也嘸下自己苛法峻刑釀下的苦酒，走投無路，在寺外樹上上吊自殺。

25、難民入川

關中地區由於天災人禍，老百姓日子沒好過，拖家帶口往四川跑，隊伍越來越大，達到數萬人。可是卻在邊境檢查站被卡住不放行。擔心難民一旦入川，會形成社會不穩定因素。難民們向朝廷反映，希望給條活路。朝廷也怕發生群眾衝突事件，派侍御史李苾來慰問調查。李苾說完慰問詞，就守在劍閣。要大家自力更生。難民們知道按正常過程一定不行，便湊錢賄賂李苾。李苾見錢眼開，便寫了一份調查報告，說讓難民們入川自謀生路是目前唯一可行辦法。朝廷便同意放行。

26、斬草除根

劉裕剪除政敵差不多以後，決定向晉朝宗室下手，剛好譙王司馬文思身上充分展現了帝王後代的飛揚跋扈，劉裕拿下他，交給他老子荊州刺史司馬休之，讓他大義滅親。司馬休之舔犢情深難下手，要求廢掉司馬文思封號，寫道歉信給劉裕。老王爺以為給足了面子。誰知劉裕在建康處死司馬休之次子司馬文寶、姪子司馬文祖，發兵進攻江陵。沒辦法，司馬休之父子逃到後秦尋求政治庇護。

27、拒絕提拔

楊駿掌權後，他越來越不得人心。有一次他想提拔王章做司馬，王章一溜煙跑得不見人影。朋友覺得奇怪，問王章人家提拔你做官，你跑什麼啊？王章說楊駿這傢伙沒有大智慧，就會耍點小聰明。不用看他現在得意的樣子，有一天他會死得很難看。誰跟他不會有好結果。現在離他遠點，免得將來受牽連。楊駿上司當著也太失敗了。

28、機關算盡反被誤

賈充和任愷向來不合，任愷任侍中，整天圍著皇帝轉，賈充心裡很不爽。想讓他離皇帝視線遠一點，便建議晉武帝讓他去做太子專職老師。司馬炎想著讓朝廷大臣做專職太可惜了，不然就做兼職老師就好了。這一來任愷反而成了現任和未來兩代皇帝的紅人。任愷當然不會忘記賈充的「好」，適逢西北羌人作亂，晉武帝徵求意見誰適合擔任平叛主將，任愷馬上推薦賈充，皇帝看賈充民望這麼高，就同意了，這下換賈充傻眼了。

世情　四十九

書法　五十

晉人書法在中國書法史上一座後人無法企及的高峰，所謂魏晉筆法，千古不易，那時候人們視書法為自己第二張臉孔，頗為珍視。在那些書法重量級人物中，有我們熟悉不過的名字王羲之、王獻之，而關於他們的故事，今天講來彷彿猶如昨日，耳熟能詳。

1、煥若神明

王羲之書法早年沒有超乎常人成就，還比不上庾翼、郗愔，到了暮年書法技藝爐火純青，曾用章草回信給庾亮（庾翼之兄），庾亮拿給庾翼看，庾翼看後嘆服不已，寫給王羲之信中說：「我過去有張芝（東漢書法家）章草十幾張，南渡的時候不小心弄丟了，經常為書法神品丟失而痛惜，今天偶然見到你寫給家兄的信，光彩照人，燦若神明，彷彿遺失的章草真跡重現人間。」

謝安〈六月帖〉

2、名人效應

王羲之有一次跟一位賣六角竹扇的老太太閒聊，說：「這些扇子一把多少錢？」老太太說：「二十文錢一把。」王羲之拿出筆在扇子題字。老太太惋惜地說：「我們全家還靠這幾把扇子買米下鍋呢，你把我寫壞了。」王羲之說：「沒關係，你就說是王右軍題的字，保證你一把賣一百文錢。」一到市上，人們都爭先恐後地搶著買。過了十多天，這個老太太又拿著一籃子扇子請王羲之題字，羲之笑笑，沒有再題。

3、偷窺祕笈

王羲之十二歲時，在他父親枕中看到一部前代人談論書法的書《筆說》，偷偷拿出來讀，被他父親發現。父親覺得他年歲還小，擔心不能領會，對他說：「待你長大成人，我再教你書法。」羲之說：「爸爸，這本書法祕笈，現在就讓我用吧。等長大再學習，豈不是浪費了少年時光嗎？」父親很高興，便將祕笈給羲之學習。

4、右軍題字

有一次，王羲之到一個弟子家去。弟子盛情款待他。王羲之想為他留幾個字表示酬謝，看見有只新做的榧木小茶几，表面光滑鋥亮。他便在這只茶几上寫了幾個字，草書、正楷各一半。寫完後，告辭歸去。學生送他到郡裡，等他返回自己家中，發現他父親已將老師的題字刨去了，一個字也沒留下。學生那一刻捶胸頓足，差點吐血，恨老頭子不識寶。

5、專心致志

王獻之五六歲起開始學習書法，某次王羲之悄悄走到他身後，用手拔他的筆，拔不下來，讚嘆他說：「這個孩子在書法方面，將來一定會成大名的。」便將親手書寫〈樂毅論〉送給王獻之，讓他仿效臨摹。王獻之很快就臨摹得達到以假亂真的地步。

6、白壁泥書

王獻之有一次看到白土刷的牆壁，讓人拿來掃帚，蘸著泥汁，在白牆壁寫近三公尺那麼大的一個「一」字，筆峰超俗勁美，氣勢不凡，來觀賞的人，如同趕集。王羲之看到後，讚賞寫得漂亮，問是誰手筆，人們告訴是他七郎獻之寫的。於是王羲之寫信給親朋好友炫耀說我家子敬飛白書進步不小。

7、裙帶當書

羊欣十五六歲時，學習書法已達到一定的意境。王獻之聽說後，專程去看他。進門後，看到羊欣穿一條新做的白絹裙在午睡。王獻之沒有驚動他，拿來筆墨，在他白絹裙和衣帶寫字。羊欣醒來發覺後非常高興，將它們像珍寶一樣的收藏起來。

8、墨寶沉江

王獻之曾為簡文帝書寫了十多張紙作品，它們後來落入桓玄手中。桓玄對王羲之、王獻之父子兩人的書法愛不釋手。他編選的二王作品，都是上乘之作，結成一冊，經常將它放在身邊，不時拿出把玩欣賞。就在他逃竄途中，還將這些書法作品帶在身邊。他最後失敗，二王的這冊書法作品陪伴他一起沉沒在江裡。

9、文人互輕

韋昶，字文林，涼州刺史韋康的玄孫，官至潁川太守散騎常侍。韋昶擅長大篆及草書，字形古拙，筆鋒遒勁。晉朝太元年間，孝武帝改建宮室及宗廟，想讓王獻之用隸書、草書題寫匾額，王獻之裝模作樣，推辭不題。便讓韋昶用大篆來寫。有人問他：「王羲之父子的書法怎麼樣？」韋昶答道：「二王也就能寫幾個字而已，我不知道他們那些字算不算真正的書法藝術品。」

書信　五十一

古代沒有電話，沒有通訊軟體，沒有網際網路，書信是唯一的通訊工具，相別之後，唯有依靠片紙數語交流，或問候、或互勉、或寄情，其中的喜悅與哀嘆，是今人無法想像的。

1、對老病號的慰問

寄信人：陸機

收信人：賀循

彥先（賀循字）你的病時間久了，大概一時半刻難以痊癒，但比起你剛生病的時候，沒有過於惡化，已經值得慶幸。好在你兒子悉心照料，你就不要有觀念包袱。還記得吳子楊嗎，以前他來我家招待不周，最近要西行，臨行又來相見，已是氣宇軒昂，知識談吐和以前大不同了。另外由於時局不穩，好久沒有夏伯榮的消息了。

2、久別朋友的思念

寄信人：王羲之

收信人：周撫

細算一下，和您分別至今已二十六年了，雖時常有信件問候，卻難以緩解闊別思念之情。讀您先後寄來的兩封信，只更增加心裡的喟嘆和感慨。最近積雪尚未融化，天氣愈冷，是五十年來所未遇的景象。想您近況一切如常，盼望明年的夏秋之際，或能再收到您的來信。如今歲月悠長，要從哪裡說起呢。

3、歸隱的情懷

寄信人：王羲之

收信人：郗愔

我前次到東邊遊玩，走馬看花瀏覽了沿途美好的山川景色。讓我動了歸隱的念頭，我想歸隱當逸民的念頭已經很久了，您怎麼還提到再次出來做官之事？根本就像說夢話一樣！沒有機緣見個面，甚為感嘆，書信中怎麼能表達透澈我的心意。

4、嗑藥者的自白

寄信人：王羲之

收信人：周撫

我煉丹服藥好幾年了，功效還是不怎麼，要是和往年來比，大概還是過得去。您自己保重珍愛為要。寫下這封信時，心中充滿莫名惆悵。

5、父親的心事

寄信人：王羲之

收信人：周撫

我膝下有七個兒子一個女兒，都是同個媽媽所生。現在孩子們婚嫁大事差不多完成了，就差老么還沒有討老婆了。等到小兒辦完這樁婚事，我就可以安心去你那邊遊玩了。現在我的孫輩和外孫輩共有十六個孩子，足以讓我感到眼前欣慰了。你對我家的情意很深，所以把這些情況如實告訴你。

6、旅行計畫

寄信人：王羲之

收信人：周撫

您今年剛好七十歲吧？聽說你身體很健康，這是非常慶幸的事。料想你會勤加保養。我即將六十歲了，按照正常的人生規律，能活到這把年紀也不容易，算是我的大幸。但憂慮往後的身體變差，可能會窘局難堪。正因如此，心想盡快到你蜀地，遊覽一下汶嶺。我這不是隨口嘮叨一下，您儘管多加保養身體，等著我來遊玩的那一天。不要以為是說客套話，假若有緣成行，也算是人生的一段奇事了。

7、來做鄰居吧

寄信人：王羲之

收信人：郗愔

看來近期還沒緣碰面，只有悲嘆了。您一家老小都平安吧。聽說您就要來這裡（指會稽）定居，聽到這個好消息，心中高興地沒辦法用言語形容。來的時候可要提前告訴我時間啊。我就想到你不會住在京城。我們這裡地方偏僻，氣候也很好，所以很開心你能來。寫這封信意在等你准信。

書信　五十一

高僧　五十二

佛教東來，漸漫中土，至兩晉之時，兵禍連綿，人間猶如活地獄，百姓生不如死，痛苦、迷茫，誰來釋疑解惑，誰為他們在黑夜中點一盞明燈，給以精神創傷的撫慰。於是一批才華橫溢，慈悲為懷的高僧適時出現了，而那些統治者們也希望這些高僧為他們的作福作威提供神學依據和智慧指導，他們甚至為了爭奪這些國寶級的僧人，不惜發動戰爭。

1、童壽者德

鳩摩羅什（西元 344 ～ 413 年），東晉時後秦高僧，名佛經翻譯家。他的名字漢意是「童壽」。鳩摩羅什年幼時期，智慧就非常大，辯才大，有長者的風度，有長者的德行，有長者的觀念，所以叫童壽。他人如其名，少年老成，才華橫溢。正所謂有智不在年高，無知枉活百歲。

2、道安慧心

道安，俗姓衛，常山扶柳人。十二歲出家，由於長相醜陋，受人輕視，每天在寺廟田園裡勞動，無人講授佛經。某天，他向師父借閱佛經，師父隨手丟給他一本五千字的《辨意經》，他次日便背下來了。便去再向師父借經，師父又借給他了一本一萬字的《成具光明經》，道安同樣用一天背誦完畢。在還給師父經書時，師父懷疑他說謊，讓他當眾背誦，結果他一字不落地背誦，師父大驚，不久便為他剃度，成了一名正式僧人。

3、道安弘法

道安遊學至鄴城，遇佛學大師佛圖澄，佛圖澄非常賞識他，授其生平所學。佛圖澄死後，道安又開始四處遊學，足跡遍及河北山西，他邊修行邊講學，向多數信眾弘揚佛法。當時中原戰亂不休，百姓處在水深火熱中，道安透過佛法慰藉飽受戰火的心靈，贏得人們的尊敬，好多佛門弟子追隨他四處弘法，弟子達五百多人。

4、一個半人

前秦攻陷襄陽，時道安在城中，於是他和大儒習鑿齒一起被帶到長安。前秦皇帝苻堅久聞道安大名，見到道安很高興，對臣下說：「我以十萬人攻打襄陽，得到就是一個半人，一個就是道安，習鑿齒為半個人。」出遊時與道安同輦，僕射權翼很不滿，苻堅解釋說，和道安同輦不是安公的榮耀，而是我的榮幸。

譁變　五十三

權位想要坐得穩，必須握緊武器，但如果軍隊出於政治或其他利益誘惑，毫無徵兆地突然調轉槍口，拒絕指揮，轉而投向新領導者，聽從其指揮，是為譁變，有晉一朝，軍人譁變屢見不鮮。

1、扣發檄文

齊王司馬冏打算討伐趙王司馬倫，號召天下人跟他一起打。揚州刺史郗隆姪子郗鑒和幾個兒子都在洛陽，拿不定主意，就召集全體僚屬一起商討。大家都說：「趙王現在是秋後的螞蚱，沒幾天能得意了，不如親率精兵，直赴許昌，響應齊王號召。」郗隆顧慮重重，他不想攪和這些王爺們的內鬥，只想守好揚州。便扣下齊王司馬冏的檄文不下發，結果激發士兵譁變，郗隆被殺。

2、形跡敗露

司馬允知道相國司馬倫和孫秀想篡位，便稱病不出，暗中培養敢死隊。孫秀派御史劉機逼迫司馬允，拘捕司馬允的部下，彈劾司馬允抗拒詔令，大逆不道。大概時間急迫，孫秀沒來得及讓惠帝抄寫，司馬允一眼看出是孫秀的筆跡，勃然大怒，拘捕御史準備殺掉，結果御史逃脫，就殺了御史劉機的二個令史。司馬允便對部下們說：「趙王司馬倫造反，我將征討他！跟隨我的人請袒露左臂。」於是率領親兵和軍帳下的兵卒七百人衝出去。

〈新亭對泣〉

3、騙殺司馬允

司馬允包圍司馬倫的相府。雙邊交戰幾個時辰，死亡數千。中書令陳淮想幫司馬允，告訴惠帝說：「應派人舉起白虎幡停止爭鬥。」於是惠帝讓司馬督護伏胤帶領四百騎士持白虎幡從宮中出去。不料伏胤被侍中汝陰王司馬虔收買了伏胤懷揣空白詔令假稱惠帝有詔給司馬允。司馬允下戰車接詔，伏胤趁機殺了司馬允。

4、未戰先亂

汶山白馬胡經常掠奪別的部族，益州刺史皇甫晏要去征討。典學從事何旅勸他說：「胡夷互相殘殺，是他們的天性，出不了大亂子。現在盛夏時節，遇到雨季，就會發生瘟疫，還是到秋後再籌劃此事。」皇甫晏不聽。有個叫康木子燒香的胡人說，此去必敗。皇甫晏以擾亂軍心處死他。軍隊行進到觀孤時，牙門張弘等人因為汶山道路險要難行，又怕胡人，發動士卒譁變，殺死皇甫晏。

諜變　五十三

構陷　五十四

世間最難知的是人心，臉上親切和藹、推心置腹，背後設下陷阱、造謠、編制罪名，欲置之死地而後快，所有一切皆因一個利字。

1、任愷罷官

賈充與任愷都是晉武帝的紅人，兩人相互不服，為了專寵，明爭暗鬥。於是朝廷中形成賈充與任愷為首的兩大山頭。各自有一群人馬。晉武帝知道後，召來兩人，在式乾殿做東，做和事佬，對他們說：「身為高層官員要團結，不能分裂。」賈充、任愷當著晉武帝面表示握手言和。但私下兩人怨恨卻越來越深。賈充薦舉任愷任吏部尚書，任愷很少見皇帝了，賈充便與荀勖一起乘機誣陷任愷，任愷被罷免。

2、石苞遭疑

大司馬石苞久駐淮南，很有威望。淮北監軍王琛憎恨他，祕報石苞裡通外國。適逢吳國將要入侵晉，石苞構築工事，阻斷水流以使防衛更加堅固，晉武帝便懷疑石苞。羊祜打包票石苞不會有二心。晉武帝以石苞誤判敵情，構築工事、阻斷水流、驚擾百姓為由，免去他的官職，派遣義陽王司馬望率領大軍徵召石苞。幸虧石苞聰明，識相的隻身待罪，才保住了性命。

3、惡人先告狀

益州刺史皇甫晏被手下牙門張弘誣陷謀反，殺死皇甫晏後首級傳送到京城。廣漢主簿李毅對太守王浚說：「益州動亂，便是本郡憂患。張弘這小子，眾人都恥與其為伍，應當立刻去討伐，不要失去機會。」王浚想要請示上級，李毅說：「殺主之賊，罪惡最大，應不受常規限制，還有什麼可請示的？」於是王浚便發兵討伐張弘。晉武帝下詔，任命王浚為益州刺史。王浚攻打張弘，將他殺死，並滅三族。

4、齊王遭讒

齊王司馬攸很受司馬昭的寵愛，差一點被立為太子。臨死前，司馬昭流著眼淚，把司馬攸的手放在晉武帝的手上，叮囑要善待。晉武帝有次病時，朝野上下都歸心於司馬攸。荀勖專做諂媚、逢迎之事，司馬攸很不待見他。荀勖乘機對晉武帝說：「陛下前幾天的生病，齊王司馬攸收買人心。應當打發齊王返回他的封國，以使國家安寧。」晉武帝遂打算遣返齊王就國。

5、張華被嫉

尚書張華由於文章、博學，才能與見識，在當時很有名氣，倍受世人尊重。中書監荀勖很嫉恨張華。有次晉武帝問張華：「你看誰是我可以託後事的人呢？」張華實事求是回答說：「聰明有德行，又是您的至親之人，沒有人比齊王更合適了。」在晉武帝的心中，弟弟再好也沒有笨兒子親，所以很不高興，荀勖就乘機誹謗張華，便貶職張華去做地方官，統領幽州諸軍事。

6、誣陷楊駿

元康元年（西元 291 年）三月，孟觀、李肇誣陷楊駿謀反，朝廷內外戒嚴，派遣使者遵詔命罷免楊駿。命令東安公司馬繇率領殿中四百人討伐楊駿，楚王司馬瑋駐守在司馬門，任命淮南相劉頌為三公尚書，駐兵守衛殺中。段廣跪著對晉惠帝說：「楊駿沒有兒子，豈有謀反的道理，希望陛下慎重考慮。」笨蛋晉惠帝對外公被誣陷一句話都不說，僅僅傻坐著。於是剿滅楊駿行動開始了。

7、赤心可示天下

太宰司馬亮、太保衛瓘，憎恨楚王司馬瑋濫殺無辜，想奪他兵權。司馬瑋大怒，便誣告司馬亮與衛瓘有廢太子的圖謀。司馬瑋公報私仇，率軍攻打司馬亮，還偽稱皇帝命令說：「司馬亮、衛瓘的下屬官吏，一概不問，全部罷免遣散。如果有不服從命令的，按照軍法處置。」司馬亮想證明自己清白，放棄抵抗，於是被抓，臨死感嘆說：「我的忠心，可以剖開讓天下的人看一看。」司馬亮太天真了，人家才不在乎你的忠心。

8、命運棋局

陪太子讀書是很難伺候的工作，但這要看是什麼人了。賈謐被派去陪太子司馬遹讀書，賈謐品行差，學問還是有的、所以打從心底瞧不起太子。仗著姨媽賈南風的勢力，常不給太子好臉色。有次他跟太子下棋，因悔棋吵起來：「你看走的什麼臭棋，都什麼智商。」觀棋的有太子叔叔成都王司馬穎，見賈謐居然對太子態度如此惡劣，大為光火。賈謐懷恨在心，跑到賈南風面前說壞話。賈后一聽，便找個藉口，把司馬穎外調到鄴城去工作。

構陷　五十四

夢兆　五十五

夢是人在睡眠中個體體驗，在夢境中會出現各種景象，夢境的形成是什麼原因，是心理暗示，抑或其他，科學上有各種說法，至今尚無定論，古人認為夢是未來發生的預兆，稱作夢兆。

〈雪夜訪戴圖〉

1、王戎夢椹

王戎夢見有人給他七顆椹子，他便揣入懷中。睡醒之後，懷中果然有七顆椹子。他卜了一卦，結果說：「椹，桑（喪）子啊。」不久，他的七個兒女全死了。

2、夢中求葬

鄒湛字潤甫，南陽新野人，夢見一個人向他跪拜，說自己叫甄仲舒，請求為他安葬。鄒湛醒來，心想甄仲舒這三個字，不就是「我乃舍西瓦土中人」嗎？於是，他在屋西瓦土中找到一個死人，將他重新安葬了。他又夢見那人來向他道謝。

3、夜夢乘龍

洛陽的王穆從酒泉發兵，向西討代索嘏。長史郭瑀出面勸阻，王穆不聽。晚上，他夢見自己乘青龍上天，剛到屋頂就停住了。他醒來嘆道：「屋字就是屍至啊。龍飛屋上屍至，看來我得死了！」後來，果然兵敗戰死。

4、夢中相託

前涼文王張駿夢見一個鬢眉皆白的老人，自稱叫子俞，對他說道：「地上的事情交給你，地下的事情交給我。」他醒來之後一打聽，才知道有位叫子瑜的侯爺剛死，便得了一個叫亮的曾孫。原來，他是想為子孫祈求連任。

5、綠狗夢襲

張駿之子張天錫夢見一隻綠色的狗，非常高大，從南邊撲來，想咬他，嚇得他逃到床上想藏起來，結果卻摔到地上。後來，前秦皇帝苻堅派苟萇殺來。那苟萇就穿著綠色錦袍，從南邊攻進城門，破了涼州。

6、苻堅夢菜

前秦皇帝苻堅想討伐東晉，晚上夢見城裡長滿蔬菜，而且大地向東南傾。第二天卜了一卦，說：「菜多，難為醬（將）；大地東南傾斜，更說明江左難以奪取了。」他不以為然，後來執意討伐，結果兵敗。

7、夢中託孤

宣咸死後五年，後趙皇帝石虎夢見他。他哭啼著囑咐兒子宣奮，說：「不是我心想著就能實現的啊。」石虎想，他這夢中之言是有求於我，便問：「宣奮現在在什麼地方？」手下回答說在當郡守。於是，石虎當即提拔他為廷尉，掌管宗廟禮儀等。雖然宣奮的才華不及父親，但卻因父親託的一個夢，而成為了九卿之一。

8、夢中求醫

蔡謨（西元 281 ～ 356 年）字道明，陳留考城（今河南民權）人，官居司徒。蔡謨有個叫張甲的親戚，寄居在他家。某天，蔡謨白天睡著了，夢見張甲對他說：「我剛要走，忽得急病，心腹疼痛，腹脹想吐又吐不出來，難保什麼時候就死了。」便問怎麼能治，張甲答道：「把活蜘蛛的腿弄掉，吞下去就好了。」蔡謨醒來，派人去張甲的住處檢驗，他果然已經死了。

9、張茂夢象

張茂，字偉康，會稽人。少年時曾經夢見過大象。他請人幫助解夢，釋夢者說：「你以後會管理大郡的，但卻不能善終。大象者大獸也，而獸就是守，取牠的諧音嘛。大象因牠的牙齒寶貴卻毀壞了牠的生命，將來必被人所殺。」張茂在永昌年間，任吳興郡太守。等王敦掌管大權時，他剛正不阿，王敦便派沈充把他滅掉了。

10、夢魚吃蒲

前秦厲王苻生夢見大魚吃蒲葉，剛好此時有童謠傳唱：「東海大魚化為龍，男便為王女為公。問在何所洛門東。」苻生認為夢中之兆和童謠侍中、太師魚遵，便殺其全家。苻生濫殺，讓東海王苻堅開始警覺，一日，苻生醉酒說：「阿法兄弟（苻堅之兄苻法）也不能信任，明天我要殺了他們。」有個侍女連夜報信，苻堅聞信率兵闖宮殺死苻生。原來夢景所指另有其人。

11、夢中太守

晉義熙年間，商靈均做了一個夢，夢見有人把他用繩子綁上就走，嚇得他魂飛魄散。這時，又走出一個人來說：「放了他吧。衡陽還缺個太守，應當在那裡取他。」後來，商靈均果然被任命為衡陽太守，想推辭也不行，結果死在衡陽任上。

12、謝安夢雞

謝安做了一夢，夢中乘坐桓溫的轎輿前行十六里，後來見到一隻白公雞，就停了下來。十六年後謝安病危，他向身邊人說：「我乘坐桓溫轎輿，是代替他職位的預兆，前行十六里，大概是十六年的意思，如今剛好十六個年頭了。白雞主酉，今年太歲在酉，我恐怕好不了了。」果然，幾天後，謝安撒手人寰。

列國　五十六

西晉滅亡，五胡亂華後在中原和四川前後出現了大小十幾個政權，統稱做五胡十六國，列國相互利用、相互勾結、相互攻伐，造成自古富庶的中州大地赤地千里，白骨遍野的慘象，是中國歷史上最黑暗的年代。

浙江省湖州市長興縣謝安墓

1、劉淵起事

八王之亂時，劉淵在成都王司馬穎手下效力，并州刺史東嬴公司馬騰和安北將軍王浚率鮮卑、烏桓等十多萬人來攻打司馬穎。司馬穎被這些傭傭軍打得招抵不上了，劉淵趁勢說敵人搬外援，我們也需要搬外援啊，司馬穎說外援在哪裡，劉淵說他回去召集他的匈奴五部。司馬穎便拜劉淵為北單于、參丞相軍事。劉淵一回到左國城，劉宣等五部貴族馬上奉上大單于尊號，建都離石。劉淵成為十六國第一個起事的胡人。

2、借殼上市

劉淵起事之初，對五部匈奴首領說：「我們以光復匈奴為名，晉人是不會跟隨我們。漢朝享祚日久，恩德結於人心，當年昭烈皇帝（劉備）以區區益州之地，也能抗衡天下。我是漢室之甥，當初與漢朝約為兄弟，兄亡弟繼，理所當然。」於是便打著光復漢室旗號舉兵。

3、射擊冠軍

劉聰據說是其母懷孕十五個月才把他生出來（這孕期也太長了，大概是虛誇），左耳鬢生一長六十公分的白毛。由於在漢地長大，劉聰自幼好學，十四歲時，他已精通經史百家，擅長書法，並工草隸，寫得一手漂亮文章，下苦功鑽研《孫吳兵法》，頗有韜略。不但文采，武藝也高超，十五歲起學習射箭，能拉開三百斤弓，換到現在一定是奧運射擊冠軍。

4、一國兩號

匈奴劉氏歷經劉淵和劉聰兩代，由於暴虐殘民，失去中原漢人民心。劉曜即位後，覺得再也沒必要跟漢家攀遠親了，於是他決定撕去漢人這塊遮羞布。下詔說，光文帝（劉淵）為了收攏民心，立漢家宗廟，現在我要尊崇我們匈奴自己的祖先單于，該國號為趙。改漢為趙，劉氏匈奴政權以單于後人自居，同年冬，羯族石勒也自稱為趙王，為了區別。劉曜建立稱前趙，石勒的趙國稱後趙。

5、劉曜之死

前趙主劉曜被後趙主石勒打敗俘虜後，囚禁在永豐小城。起先，石勒善待他，供他好吃好喝。派人幫他療傷。等劉曜傷勢漸好，石勒便讓劉曜替長安城內的皇太子劉熙寫招降書。儘管劉曜非常感念石勒優待俘虜，但讓他勸兒子投降卻不做，他寫信給太子劉熙，要他不要顧慮自己，要以社稷為重。石勒大怒，知道劉曜養著也是白養，便派人結束了他。

6、遣返事變

益州刺史羅尚眼看氐人李特帶領著一群到四川社會閒散人員日益坐大，深感不安，便打算將他們原地遣返，這些人風裡來雨裡去這麼多年，好不容易才有了蜀中這塊安定地方，有吃有喝，當然不願走。既然勸告無效，羅尚便打算武力強行遣返，在遣返過程中，發生了肢體衝突和流血事件，造成李特、李輔兄弟兄弟死亡。李特之子李雄趁機號召流民起事，終於演變成大規模群眾衝突事件，羅尚被趕走，流民實現定居合法化，晉永興二年，李雄稱帝，國號大成。

7、好人沒好報

李雄為人寬厚，簡刑約法，不與民爭利，他在位期間的蜀中是當時難得穩定的一塊淨土，他感念哥哥李蕩在創業期間戰死，所以臨終傳位給李蕩之子李班。李班為人仁厚，他的即位引來李雄之子李越、李期的強烈不滿，他們趁著李班正在為李雄守喪。闖入靈堂做掉了皇位還未坐熱的李班。

8、李期下場

李越、李期兄弟兩人合夥做掉李雄指定的接班人李班後，李期稱帝。李越是小妾所生，李期是嫡出，即位順理成章。李期嗜殺成性，殺完朝廷諫臣，殺宗親，殺得人人自危。宗室漢王李壽覺得與其坐以待斃，不如豁出去了，率軍殺入成都，砍掉李越腦袋，廢李期為邛都縣公。惶恐之餘，李期上吊自殺。李壽即位後，該國號為漢。

9、臭味相投

李壽即位後即位後，改變李雄定下與東晉世代友好的國策，他派使臣到後趙石虎，準備遠交近攻，聯趙伐晉。他得知石虎大造宮室，苛法峻刑，偶像啊，李壽讚嘆不已。於是他處處以石虎為榜樣，在蜀中修建豪華宮殿，動輒誅殺大臣，將成漢弄得烏煙瘴氣，百姓苦不堪言。

10、張祚獸行

前涼桓王張重華病死，其子張耀靈年僅十歲繼位。庶兄張祚與張重華生母馬氏私通。兩人竟合謀廢掉張耀靈，張祚僭為涼王。沒多久派人掐死張耀靈，葬屍黃沙。不久張祚再接再厲，把帷幄做統戰第一線，霸占張重華妻妾，就連張重華十二歲的女兒都沒放過。說他是禽獸是對禽獸的汙衊，但除此之外更無詞語形容。

11、流亡王爺

前涼悼王張天錫即位後，政治不作為，天災人禍，接踵而至。不久前涼被前秦所滅，張天錫投降，封為歸義侯。後來前秦皇帝苻堅發兵征討東晉，張天錫被迫隨行，淝水之戰苻堅戰敗。張天錫趁亂流亡江南，儘管前涼一直奉東晉為正朔，但東晉朝臣們打從心底瞧不起這位流亡王爺，時常拿他開玩笑。張天錫也只有忍氣吞聲的份，最後病死家中。

12、仁厚害己

前秦主苻堅對那些亡國之君一律寬厚，在長安為他們修了豪華府邸，一心想透過自己寬廣胸襟感化他們。但是對於慕容鮮卑這些不溫不熱的蛇們，一切都是徒勞。他們僅僅暫時蟄伏了，等待時機。肥水兵敗後，他們趁著苻堅自顧不暇發動叛亂，苻堅責問慕容衝，我待你們不薄，為何謀反，慕容回答：「如果你束手就擒，我待你也不比你從前待我們家差。」苻堅氣得說不出話來。

13、苻堅之死

苻堅被慕容衝圍在長安城日久，城裡斷炊，沒辦法率眾突圍。剛出狼窩又入虎穴，他沒跑多遠隨即被羌族首領姚萇派兵包圍。姚萇要他投降，他拒絕，要他禪位，他嗤之以鼻，面對苻堅這塊又臭又硬的頑石，姚萇沒辦法，最後縊殺於新平佛寺。

14、老天相助

隆安二年，南燕主慕容德被迫撤出鄴城，率眾至衛河黎陽津，準備渡河，忽然狂風大作，渡河船隻被颳得傾覆，眼看敵人將至，慕容德叫苦不已，覺得自己將命喪河邊。這時奇蹟發生了，天氣驟然變冷，河面結冰。慕容德率領軍民安然渡河。等到敵人趕到時，天氣卻變暖，河面融化，敵人只能望河興嘆。天公作美，運氣來的時候擋都擋不住。

15、裝瘋賣傻

慕容德和生母公孫氏、姪子慕容超走散多年，唯有留下一把祖傳金刀做信物。慕容德稱帝時，慕容超已成年，他皇族的身分已被後秦姚興盯上。為了麻痺敵人，他每天在大街上瘋瘋癲癲到處亂竄，撿菜葉子吃。姚興不放心，親自找他，看他滿嘴胡話，就當他傻了，便放鬆了警惕。時間久了，也就遺忘了。慕容超趁機帶著祖傳金刀，連妻兒都不顧，一溜煙去投奔慕容德了。

16、樂隊換人

南燕主慕容超有一支陣容豪華的皇家樂隊，在國際上也是很有名的。當時慕容超的生母段氏和妻子呼延氏被後秦姚興軟禁著。姚興是有名的文藝帝王，他指明慕容超拿皇家樂隊來換老媽和老婆。慕容超為建立這支樂隊花了不少心力，實在不想割捨，但在樂隊和老媽老婆之間權衡再三之後，還是覺得老媽老婆重要，便將樂隊送給姚興。

17、皇帝降職

後秦姚興即位後，重視發展儒學文化事業，大力推廣農業，重用人才，聽得進不同意見，國家面貌煥然一新。但老天不作美，天災頻頻，姚興認為這是自己身為皇帝的德行不夠，便自動提出降職，皇帝降職，前所未聞。做出自降帝號之舉，這也是中國歷史上少有的事情。就算是作秀，也是難得。

18、弘揚佛法

姚興出兵破後涼，迎高僧鳩摩羅什至長安，以國師待之，尊崇備至。鳩摩羅什是一代佛學大師和翻譯大家。他在姚興支持下，開闢譯經場，前後譯經共有九十八部、四百二十五卷。當時在中國佛教史上是劃時代的大事。經過姚興推廣，佛教在境內開始繁榮。但凡事做過頭了就會走向反面，佛教過度擴張，弄得儲用殫竭，人民疲弊，導致後秦國力衰退。

19、寬容誤國

姚興書生意氣太重，對敵手寬容過了頭。對南涼的禿髮傉檀、北涼的沮渠蒙遜、大夏的赫連勃勃、西秦的乞伏乾歸等人，姚興仁慈放他們一條生路，但這些人都是白眼狼。後來反過來噬咬姚興，鼓搗出四個國家來。身為帝王，如果過於寬容，心不夠狠，就是為自己培養掘墓人。

晉朝皇帝世襲表

西晉

廟號	謚號	姓名	在世時間	在位時間	年號
世祖	武帝	司馬炎	236 年～ 290 年	265 年～ 290 年	泰始 265 年～ 274 年 咸寧 275 年～ 280 年 太康 280 年～ 289 年 太熙 290 年～ 290 年
	孝惠帝	司馬衷	259 年～ 307 年	290 年～ 307 年	永平 291 年～ 291 年 元康 291 年～ 299 年 永康 300 年～ 301 年 永寧 301 年～ 302 年 太安 302 年～ 303 年 永安 304 年～ 304 年 建武 304 年～ 304 年 永興 304 年～ 306 年 光熙 306 年
	孝懷帝	司馬熾	284 年～ 313 年	307 年～ 313 年	永嘉 307 年～ 313 年
	孝愍帝	司馬鄴	300 年～ 318 年	313 年～ 316 年	建興 313 年～ 317 年

東晉

廟號	諡號	姓名	在世時間	在位時間	年號
中宗	元帝	司馬睿	276 年～323 年	317 年～323 年	建武：317 年～ 317 年 太興：318 年～ 321 年 永昌：322 年～ 323 年
肅宗	明帝	司馬紹	299 年～325 年	323 年～325 年	太寧：323 年～ 326 年
	康帝	司馬嶽	322 年～344 年	342 年～344 年	建元：343 年～ 344 年
孝宗	穆帝	司馬聃	343 年～361 年	344 年～361 年	永和：345 年～ 356 年 昇平：357 年～ 361 年
	哀帝	司馬丕	341 年～365 年	361 年～365 年	隆和：362 年～ 363 年 興寧：363 年～ 365 年
		司馬奕	342 年～386 年	365 年～371 年	太和：366 年～ 371 年
太宗	簡文帝	司馬昱	320 年～372 年	371 年～372 年	咸安：371 年～ 372 年
烈宗	孝武帝	司馬曜	362 年～396 年	372 年～396 年	寧康：373 年～ 375 年 太元：376 年～ 396 年
	安帝	司馬德宗	382 年～418 年	396 年～418 年	隆安：397 年～ 401 年 元興：402 年～ 404 年 義熙：405 年～ 418 年
	恭帝	司馬德文	386 年～421 年	418 年～420 年	元熙：419 年～ 420 年

兩晉眾生相，亂世中的風流百態：

宮廷祕聞 × 名士清談 × 市井掌故……重返百年魏晉，細說從朝堂到江湖間風華絕代的興衰故事

作　　者：李金海
發 行 人：黃振庭
出 版 者：複刻文化事業有限公司
發 行 者：崧燁文化事業有限公司
E-mail：sonbookservice@gmail.com
粉 絲 頁：https://www.facebook.com/sonbookss/
網　　址：https://sonbook.net/
地　　址：台北市中正區重慶南路一段 61 號 8 樓
8F., No.61, Sec. 1, Chongqing S. Rd., Zhongzheng Dist., Taipei City 100, Taiwan

電　　話：(02)2370-3310
傳　　真：(02)2388-1990
印　　刷：京峯數位服務有限公司
律師顧問：廣華律師事務所 張珮琦律師

定　　價：420 元
發行日期：2025 年 08 月第一版
◎本書以 POD 印製
Design Assets from Freepik.com

國家圖書館出版品預行編目資料

兩晉眾生相，亂世中的風流百態：宮廷祕聞 × 名士清談 × 市井掌故……重返百年魏晉，細說從朝堂到江湖間風華絕代的興衰故事 / 李金海 著 . -- 第一版 . -- 臺北市：複刻文化事業有限公司 , 2025.08
面；　公分
POD 版
ISBN 978-626-428-224-6(平裝)
1.CST: 魏晉南北朝史 2.CST: 通俗史話
623.09　　　　114011551

電子書購買

爽讀 APP

臉書